Arnold Bittlinger

CHAKREN
Meditation

Ein Weg
zur Selbstwerdung

Kösel

Arnold Bittlinger bei Kösel:

○ *Das Geheimnis der christlichen Feste. Astrologische und tiefenpsychologische Zugänge*

○ *Das Vaterunser. Erlebt im Licht von Tiefenpsychologie und Chakren-Meditation*

○ *Heimweh nach der Ewigkeit. Tiefenpsychologische Meditationen zum christlichen Glauben*

ISBN 3-466-36512-0

© 1999 by Kösel-Verlag GmbH & Co., München
Printed in Germany. Alle Rechte vorbehalten
Druck und Bindung: Kösel, Kempten
Umschlag: Elisabeth Petersen, München
Umschlagmotiv: Tony Stone Bilderwelten. Fotograf: Chris Thomaidis
1 2 3 4 5 · 03 02 01 00 99

Gedruckt auf umweltfreundlich hergestelltem Werkdruckpapier
(säurefrei und chlorfrei gebleicht)

Inhalt

Einführung

Den Zugang zur Welt der Chakren eröffnete mir ein indischer Yogi.[1] Das Verstehen der alt-indischen Chakrensymbole lehrte mich C.G. Jung. Das vorliegende Buch beginnt deshalb mit grundlegenden Aussagen von C.G. Jung zum Chakrensystem und zu den einzelnen Chakrensymbolen. Diese Aussagen sind die Grundlage des gesamten Buches. Ich werde deshalb immer wieder darauf Bezug nehmen.

Bei der anschließenden Betrachtung der einzelnen Chakrensymbole geht es um eine Vertiefung der Aussagen C.G. Jungs und um ihre Verknüpfung mit praktischen Erfahrungen. Dabei verstehe ich – im Anschluss an C.G. Jung – den Weg der Chakren als Weg zur Selbstwerdung. Die einzelnen Chakrensymbole sehe ich als Gedächtnisstützen für die einzelnen Phasen des Individuationsweges. Zur »Einverleibung« der Bedeutung dieser Phasen mündet die Betrachtung der einzelnen Chakren in einfache Körperübungen ein. Bei der Auswahl dieser Übungen ging es mir einerseits darum, dass in jeder Übung der Bedeutungsgehalt des betreffenden Chakras zum Ausdruck kommt, und andererseits darum, dass die Übungen so einfach sind, dass sie mühelos von Meditierenden nachvollzogen werden können. Die Übungen, die ich »gefunden« habe, sind mir mittlerweile als morgendliche Einstimmung in den Tag vertraut und lieb geworden.

In je einem weiteren Kapitel befasse ich mich mit den Symbolfarben der Chakren[2] und den persönlichen Chakren-

Tieren. Die Arbeit mit diesen Chakren-Tieren hat sich als wertvolle Hilfe im therapeutischen Prozess erwiesen.

Das Kapitel »Der Weg der Chakren in Bibel und Märchen« zeigt schließlich, dass der Weg der Chakren als Weg zur Ganzwerdung auch der inneren Struktur mancher biblischer Texte und Märchen entspricht. Auch daran wird deutlich, dass der Weg der Chakren unser aller Lebensweg ist.

Schaffhausen, Johannistag 1998

Dr. Arnold Bittlinger

Der Individuationsweg und die Chakrensymbole

Es war im C.G. Jung-Institut in Zürich: Zum ersten Mal betrat ich das Büro des Studienleiters – und war überrascht. Die Wände waren ringsum geschmückt mit großen gerahmten Darstellungen der Chakren-Symbole. Es waren Kopien der Bilder, die Arthur Avalon (Sir John Woodroffe) 1918 in seinem Buch »Die Schlangenkraft« veröffentlicht hatte.[1]

Mir wurde deutlich: Längst bevor die Chakren »in Mode« gekommen sind, hat sich C.G. Jung eingehend mit den hintergründigen Symbolen dieser Energiezentren befasst und Hilfreiches dazu gesagt.

Erstaunlich ist es deshalb, dass in den vielen Chakren-Büchern, die heute die Regale der Buchhandlungen füllen, nur selten auf C.G. Jung Bezug genommen wird. Ein Grund dafür ist vermutlich die Tatsache, dass in den Gesammelten Werken von C.G. Jung die Chakren nur an einigen wenigen Stellen erwähnt werden. Ausführlicher dagegen äußerte er sich zu den Chakren in mehreren Seminaren, deren Nachschriften bisher noch nicht oder nur in Englisch veröffentlicht worden sind.[2] Eine systematische Zusammenfassung dieser Äußerungen habe ich bisher nirgends gefunden. Es ist deshalb das Anliegen der folgenden Ausführungen, diese Lücke zu schließen und auf das zu hören, was C.G. Jung zu den einzelnen Chakrensymbolen meint.

Der Weg der Chakren als Individuationsweg

Für C.G. Jung spiegelt sich im Chakrensystem der Individuationsprozess. – Es gilt deshalb zunächst zu fragen: Worum geht es beim Individuationsprozess? Was versteht Jung unter Individuation?

C.G. Jung schreibt:»Die Individuation ist *allgemein* der Vorgang der Bildung und Besonderung von Einzelwesen, *speziell* die Entwicklung des psychologischen Individuums als eines vom Allgemeinen, von der Kollektivpsychologie unterschiedenen Wesens. Die Individuation ist daher ein Differenzierungsprozess, der die Entwicklung der individuellen Persönlichkeit zum Ziel hat.«[3]

Marie-Louise von Franz vergleicht diesen Prozess mit dem Wachsen einer Bergföhre. Sie schreibt:»Man könnte es sich etwa so vorstellen. In jedem Samen einer Bergföhre ist das Bild einer Bergföhre mit allen ihren Möglichkeiten gleichsam schon angelegt, aber jeder wirkliche Föhrensamen fällt zu einer bestimmten Zeit an einen bestimmten Ort, und da sind spezielle Umstände vorhanden, wie Erdbeschaffenheit, Steine, Neigung und Windlage des Hanges und Zeit der Sonnenbestrahlung. Das ganzheitliche Wesen der Föhre reagiert auf diese Umstände z.b. durch krummes Wachstum, Ausweichen vom Stein, Hinneigen zur Sonne, und so kommt dann jene einmalige, nicht wiederholbare, einzelne Föhre allmählich zustande, welche die einzig wirkliche ist. Denn die ›Föhre an sich‹ ist ja nur eine Möglichkeit oder eine Idee. Dieses Wachstum des Einzelnen, Einmaligen, ist das, was Jung beim Menschen als den Individuationsprozess bezeichnet.«[4] Ein solcher

Prozess kann beim Menschen – wie bei der Pflanze – unbewusst verlaufen als natürlicher Wachstumsprozess. Zum Individuationsprozess im eigentlichen Sinn wird dieser Prozess jedoch nur, wenn der Mensch sich dieser Entwicklung bewusst wird:»Der Mensch kann dieses Geschehen bewusst mitmachen, und erlebt dabei gefühlsmäßig sogar, dass er in Einzelheiten durch freie Willensentscheidung mitwirken kann. Das ist der Individuationsprozess im eigentlichen Sinn.«[5]

Individuation bedeutet somit Selbstwerdung durch Bewusstwerden. Dazu C.G. Jung:»Die Individuation fällt zusammen mit der Entwicklung des Bewusstseins aus dem ursprünglichen Identitätszustand. Die Individuation bedeutet daher eine Erweiterung der Sphäre des Bewusstseins und des bewussten psychologischen Lebens.«[6]

Die Impulse zur Bewusstwerdung und auch zur Selbstwerdung stammen»nicht aus dem Ich, sondern aus der seelischen Ganzheit, dem Selbst«[7]. Selbstwerdung bedeutet somit, auf das zu horchen,»was die innere Ganzheit, das Selbst, jetzt hier in dieser Lage von mir und durch mich erwirken will«[8], und diesen Impulsen des Selbst dann auch zu gehorchen.

Beim Individuationsprozess können wir verschiedene Phasen oder»Manifestationen«[9] unterscheiden, z.B. die Identitätsphase[10], die erste Begegnung mit dem Unbewussten, die Einsicht in den Schatten, die Rücknahmen der Projektionen, die Begegnung mit Anima und Animus, Erfahrungen mit dem Selbst[11].

C.G. Jung erkennt solche Phasen vor allem in Bildern und Bildserien, z.B. in den Bildserien der Alchemie, der Astrologie, des Tarot, des I Ging und eben auch des Chakrensystems[12]. M. L. von Franz meint:»Sozusagen alle Religionen enthalten

Symbole, welche den Individuationsprozess oder wichtige Phasen desselben veranschaulichen.«[13] Dazu gehören auch die Chakrensymbole, mit denen wir uns hier befassen. C.G. Jung zählt das Chakrensystem zu den »trefflichsten östlichen Beispielen« solcher den symbolischen Prozess veranschaulichenden Bildserien[14].

Worum geht es beim Chakrensystem? Nach der Lehre des Kundalini-Yoga hat der Mensch einen feinstofflichen Körper, der den physischen Körper durchdringt und umschließt. Durch diesen feinstofflichen Körper fließt Lebensenergie. Diese Energie wird symbolisch dargestellt als eine Schlange, die so genannte »Kundalini«, die zusammengerollt am unteren Ende der Wirbelsäule liegt und schläft. (»Kundalini« heißt »die Zusammengerollte«.)

Auf dem Meditationsweg geht es nun darum, die Kundalini zu wecken und die Lebensenergie zum Fließen zu bringen, sodass sie ihre heilsame Kraft entfalten kann. Dieser Energiefluss hat nach indischer Auffassung einen Hauptkanal, der entlang der Wirbelsäule verläuft. Wenn nun durch diesen Kanal Energie aufsteigt, dann verteilt sie sich in den Körper, vom Wurzelchakra an über die einzelnen Chakren bis hin zum Kronenchakra. Bildlich gesprochen verläuft dieser Energiestrom von der »Erde« zum »Himmel«. Die sieben Hauptchakren liegen unten am Ende der Wirbelsäule, im Unterbauch, im Sonnengeflecht, in der Herzgegend, im Hals, in der Stirn und oben im Scheitel:

Sahasrara		Kronenchakra
Ajna		Stirnauge
Vishuddhi		Halschakra
Anahata		Herzchakra
Manipura		Sonnengeflechts-chakra
Svadhisthana		Polaritätschakra
Muladhara		Wurzelchakra

Das Wissen um die Chakren ist sehr alt. Es ist besonders in Indien bewahrt und ausgeformt worden, aber Chakren sind nicht »indisch«, sondern allgemein menschlich. Dass Chakren auch in anderen Kulturen erfahren und gespürt worden sind, zeigen nicht nur einige bildliche und architektonische Hinweise[15], sondern vor allem Texte, in denen ähnliche Erfahrungen beschrieben werden. So C.G. Jung: »Die Chakren trifft man nicht nur in der Yogalehre an, sondern man begegnet ähnlichen Vorstellungen auch in altdeutschen, alchemistischen Werken, die sicher ohne Yogakenntnisse entstanden sind.«[16] Ein Beispiel hierfür ist die »Chymische Hochzeit« von Valentin Andrae, die neuerdings wieder aufgelegt wurde[17]. Aber auch in anderen westlichen Texten, z.B. in einigen Märchen kann man die Chakrenrealität erkennen. Auch in der Bibel gibt es Texte, die von der Chakrenerfahrung her gedeutet werden können.[18]

13

Da manche Menschen meinen, dass Chakren ein Phantasieprodukt seien, weil man sie naturwissenschaftlich nicht nachweisen könne, erhebt sich die Frage:»Gibt es überhaupt Chakren?«. C.G. Jung meint einerseits, dass diese Zentren rein metaphorisch seien und dass selbst die Hindu sagen, dass es so ist,»als ob« es solche Zentren gäbe[19]. Andererseits:»Die interessante Tatsache ist, dass die Symptome, die sich einstellen, wenn die Kundalini sozusagen durch diese Zentren steigt, auf physiologische Fakten hinweisen. Es ist also tatsächlich so, als ob es solche Zentren gäbe, die bestimmte Organe beeinflussen.«[20] Wir wollen diese Frage offen lassen, denn es geht bei unseren Überlegungen um die *symbolische* Bedeutung der Chakren, die unabhängig ist von der tatsächlichen Existenz solcher Zentren.

Jung bezeichnet die Chakren als ein »äußerst präzise durchgearbeitetes System psychischer Schichten« oder als »Lokalisierung des Bewusstseins vom Perineum bis zum Kopf«[21] oder als »blumenartige Zentren der verschiedenen Sitze des Bewusstseins«[22]. Jung illustriert diese Tatsache mit einem Bild[23]. Dieses Bild zeigt einen radgestaltigen Kreis, in dem unten eine auf Knien und Ellbogen liegende Frau völlig im Wurzelwerk verstrickt ist. Unter dem Kreis sind dunkle Wolken. In der Mitte des Kreises ist ein kleiner Kreis, in dem eine Frau sitzt, die ein Buch in der Hand hält. Oben ist eine stehende Frau, die beide Arme einem Lichterkreis entgegenstreckt. Jung schreibt zu diesem Bild:»Dieses Bild stellt verschiedene Phasen des Individuationsprozesses dar: unten ist die Frau im chtonischen Wurzelgeflecht verfangen (Muladhara im Kundalini-Yoga). In der Mitte (das entspricht dem Anahata-Chakra, Vf.) studiert diese Frau ein Buch. Sie bildet ihren Verstand und vermehrt ihr Wissen und Bewusstsein. [In »Das Geheimnis der Goldenen Blüte« interpretiert Jung

das mittlere Bild folgendermaßen: »In der Mitte Darstellung der Kontemplation.«[24]] Oben (= Sahasrara, Vf.) empfängt sie als renata die Illumnination in Gestalt einer die Persönlichkeit erweiternden und befreienden, himmlischen Sphäre, deren runde Gestalt wiederum das Mandala, aber in seinem ›Reich-Gottes-Aspekt‹ repräsentiert, wogegen das untere radgestaltige Mandala chtonischer Natur ist. Unten drohen noch nicht integrierte, dunkle Wolken. Dieses Bild demonstriert die nicht ungewöhnliche Tatsache, dass die Persönlichkeit nach oben und unten erweiterungsbedürftig ist.«[25]

15

Wenn Jung nach den Bedeutungsinhalten der einzelnen Chakren fragt, dann übernimmt er nicht die Deutungen indischer Kommentare, sondern er interpretiert von seinen eigenen westlichen Wurzeln her. Darauf legt er großen Wert: »Wenn wir nicht versuchen, die Symbole des Tantra Yoga unserem westlichen Geist zugänglich zu machen, sie zu verarbeiten, bleiben sie ein Fremdkörper in unserem System und verhindern das natürliche Wachstum. Es entsteht dann ein Wachstum aus zweiter Hand oder sogar eine Vergiftung.«[26]

Auch der Indologe J.W. Hauer anerkennt die Berechtigung einer solchen westlichen Interpretation der Chakren. Er meint, dass es bei der Betrachtung der Chakren ein legitimes Vorgehen sei, wenn man indische Symbole in westlichem Verständnis betrachte. Die westlichen Deutungen seien genauso richtig wie die indischen: »Ich bin nicht abgeneigt zu glauben, dass wenn wir von uns aus auf die Suche nach dem Sinn dieser Symbole gehen, wir ihrem Sinn ebenso nahe kommen, wie wenn wir die Andeutungen nutzen, die hier und da in den indischen Texten auftauchen. Ja, wir stehen vielleicht der schaffenden Kraft dieser Symbole näher, oder mindestens genauso nahe wie die Inder, die diese Kommentare geschrieben haben. Infolgedessen nehmen wir uns das Recht heraus, diese Symbole für uns zu deuten.«[27]

Wesentlicher als das Deuten und Verstehen der Chakrensymbole ist jedoch das Begehen des Weges, den die Chakrensymbole vorzeichnen. Denn Chakrensymbole sind Symbole eines Weges oder Prozesses, nämlich des Individuationsprozesses. Sie wollen deshalb nicht nur betrachtet oder meditiert, sondern gelebt werden: »Der Yogaweg hat nur dann lebensbestimmende Bedeutung, wenn er sozusagen als der andere Pol der konkreten Lebenserfahrung genommen wird.«[28] Hauer zitiert auch Buddha, der gesagt habe, dass die rein medi-tative Methode nicht in die Tiefe führt, sondern nur zu psychischen Zuständen.[29] Hauer fährt fort: »Die Betrachtung der Chakren hat nur dann einen Sinn, wenn die Chakren Symbole des realen Lebens sind, das wir durchlebt haben, und das uns gelebt hat, und das sich in einem solchen Chakra symbolisch darstellt und festigt.«[30]

Es ist das große Verdienst C.G. Jungs, dass er uns gesagt hat, wie wir als westliche Menschen die Chakrensymbole verstehen können. Er hat uns einen nachvollziehbaren psy-chologischen Zugang zu diesem wunderbaren, allgemein menschlichen Chakrensystem gezeigt. Seien wir ihm dafür dankbar.

Die Chakrensymbole im Licht der Analytischen Psychologie

1. Muladhara – Wurzelchakra

Muladhara (mula = Wurzel, adhara = Zentrum: Wurzelzentrum) ist der Sitz der Kundalini. Im Muladhara ist alle Energie enthalten, aber noch nicht entfaltet.

Das Element des Wurzelchakras ist die Erde.

Für Jung ist das Wurzelchakra die Welt des Bewusstseins, in der alles Unbewusste noch schläft. Für ihn ist Muladhara die Ausgangsbasis des Individuationsweges: »Muladhara ist der ganz gewöhnliche Alltag, die Realität, in der wir leben, unsere tägliche reale Existenz, unser gewöhnliches Leben... Wir sind verwachsen mit einem bestimmten Ort, normale Bürger bestimmter Staaten... Muladhara ist, psychologisch interpretiert, unser Bewusstsein. Es ist der Ort, wo das Selbst und alles Göttliche schläft... Die Muladhara-Welt ist ein ganz banaler Ort. Da ist Familie, Beruf, Theater, Eisenbahn oder Rechnungen, die zu bezahlen sind.«[31]

2. Svadhistana – Polaritätschakra

Svadhistana (sva = das, was zu uns gehört, sthan = der Wohnplatz: der eigene Wohnplatz)

Dieses Chakra symbolisiert das, was auch noch zu uns gehört – nämlich der Bereich des Unbewussten. Zur Welt des Bewusstseins kommt jetzt die Welt des Unbewussten hinzu. Jung sagt:»Das zweite Zentrum trägt alle Kennzeichen des

Unbewussten. Der Weg aus Muladhara hinaus führt ins Unbewusste hinein.«[32] Das Unbewusste aber verhält sich komplementär zur bewussten Einstellung, sodass eine Polarität zwischen der bewussten und unbewussten Einstellung entsteht.[33] »Wenn wir Muladhara verlassen und Svadhistana erreichen, so erhalten die Mächte, auf die wir uns bisher gestützt haben, ein ganz anderes Gewicht. Was uns in der bewussten Welt trug und erhielt, wird, wenn wir das Neue, das Unbewusste, betreten, zu unserem schlimmsten Feinde ... Was auf der Erde ein Segen war, wird im Unbewussten zum Feind.«[34]

Das Element des Polaritätschakras ist das Wasser: »Das Wasser im Svadhistana ist das Wasser der Taufe ... Die Taufe ist ein symbolischer Akt durch Ertrinken ... Der Makara kann einen dabei verschlingen ... Aber nur durch Ertrinken kann man neu geboren werden. Heutzutage sagen wir statt Makara ›Analyse‹, denn auch Analyse bedeutet Wiedergeburt und Gefahr des Ertrinkens im Unbewussten.«[35]

3. Manipura – Sonnengeflechtschakra

Manipura (mani = Juwele, pura = Stadt: Juwelenstadt)

Das Element des Sonnengeflechtschakras ist das Feuer. Jung meint:»Im Manipura brechen alle emotionalen Teufel los. Nach der Taufe kommen wir direkt in die Hölle. Die Hölle ist die Juwelenstadt – ein schreckliches Paradoxon! Aber was ist der Mensch, der nicht im Feuer steht? Wo kein Feuer ist, da ist auch kein Licht. Es ist schmerzhaft, es brennt, es ist sogar Zeitverlust – aber es ist *auch* ein Quell der Kraft.«[36]

»Wenn man im Manipura ist, hat man keinen Konflikt, sondern man *ist* der Konflikt selber. Man kann in zehntausend

Stücke zerspringen, aber man ist dabei eins mit sich selber. Denn es gibt keinen Standort außerhalb, von dem aus man urteilen könnte. Es gibt nichts zwischen den beiden Gegensätzen, denn du bist alles. Du bist auch die beiden Gegensätze. Du bist dies *und* das, wenn du emotional bist.«[37]

Zum Manipura meint Jung weiterhin:»Das Feuer des Manipura hat heilende Wirkung, denn Dinge, die getrennt und gegensätzlich waren, werden zusammengeschweißt. Es ist ein Schmelzfeuer, ähnlich wie der alchemistische Topf, in dem die Substanzen gemischt und zusammengeschmolzen werden.«[38]

Das ist die eigentliche Bedeutung des Manipura-Chakras: Das Getrennte wird vereint. Es ereignet sich eine conjunctio oppositorum – eine Vereinigung der Gegensätze.

4. Anahata – Herzchakra

Anahata (an-ahata = un-geschlagen)

Das Element des Herzchakras ist die Luft.

Jung beschreibt den Unterschied zwischen Manipura und Anahata folgendermaßen:»Im Manipura hat man eine rein emotionale Psychologie – ohne jede Objektivität. Man hat keine Verfügungsgewalt über die eigenen Emotionen – man ist Emotion. Im Anahata dagegen kann man sagen ›Ich habe schlechte Laune‹. Im Manipura ist man schlechter Laune, und so sehr schlechter Laune, dass man es nicht einmal zugeben kann. Ein Mensch im Anahata dagegen kann sagen: ›Beim Jupiter – du hast Recht!‹ Das zeigt den höheren Zustand, und das ist der Unterschied zwischen Manipura und Anahata.«[39] Jung meint weiter:»Aus dem glühenden Zentrum der Leidenschaften und der Emotionen im Solar plexus kann etwas aufsteigen in den Luftbereich, in das Bewusstsein. Es ist ein Keim eines höheren Bewusstseins, das ursprünglich im Feuer beheimatet war, dann aber luftförmig wurde.«[40] Anahata ist ein Zustand über dem Talgewitter, der in der Alchemie der »Albedo« entspricht. Es ist ein Zustand, in dem wir die Projektionen zurückgenommen haben und die Emotionen, von denen wir vorher gebeutelt worden sind, von einer höheren Warte aus betrachten – »au dessus de la melée«. Das Gewitter tobt zwar noch weiter, aber wir stehen darüber[41].

Jung betont jedoch immer wieder die Gefahr, von einem »höheren« in einen »tieferen« Zustand hinabzusinken. Er sagt: »Die Anahata-Region ist die Luft-Region, denn es ist die Region von Herz und Lunge, also von Blut und Luft. Alles, was über dem Diaphragma ist, wird durch einen Vogel symbolisiert. Ein Vogel kann Gedanken bedeuten oder Persönlichkeitsinhalte, die zu dieser höheren Ebene gehören. Wenn wir wieder zum Manipura hinuntersteigen, dann werden die Dinge der höheren Ebene zerstört oder zumindest schwer verletzt durch das unnatürliche Treiben der Objekte, die durch unser Hinabsteigen in die tiefere Ebene belebt werden. Menschen können ohne jede Verletzung im Manipura leben, wenn sie dorthin gehören – aber all das, was ins Anahata gehört wird im Manipura verletzt, wir bewahren den jeweils niedereren Zustand in uns. In einem gewissen Sinn sind die geistigen Inhalte dieses niedereren Zustandes in uns, aber sie sind unter der Kontrolle des höheren Zentrums, in dem wir uns derzeitig befinden.

Wenn wir also in Anahata sind, dann regiert dieses Zentrum alle darunter liegenden Zentren – aber diese Zentren sind noch lebendig! Wenn wir nun von Anahata in diesen tieferen Zustand hinabsinken, dann leiden wir nur insoweit, wie wir wirklich im Anahata waren. Aspekte, die noch im Manipura waren, leiden dagegen überhaupt nicht.«[42]

5. Vishuddhi – Halschakra

Vishuddha (= Reinheit), Vishuddhi (= Reinigung). Beide Bezeichnungen werden für dieses Chakra gebraucht; ich bevorzuge Vishuddhi.

Das Element des Vishuddhi ist der Äther. Äther ist der Übergang zwischen Materie und Geist. C.G. Jung sagt:»Äther ist eine Materie, die keine Materie ist.«[43] Der Äther»überhöht« die Materie.

Für Jung ist die Welt des Vishuddhi-Chakras die Welt der psychischen Realität:»Die psychischen Erfahrungen und nicht die Data der irdischen Wirklichkeit sind im Vishuddha das Reale. Wenn es einem z.b. vorkommt, man werde auf unbezwingliche Weise zum Handeln veranlasst, oder ebenso zwingend daran gehindert, dann spürt man die Macht des Elephanten im Vishuddha ...«[44] »Die psychische Realität ist die einzige Realität, die es gibt. Die Materie ist nur eine dünne Haut um den Kosmos der psychischen Realität.«[45] Was bedeutet das? Alle psychischen Tatsachen haben nach Jung nichts mit der materiellen Welt zu tun. So hat z.B. vom Vishuddhi aus gesehen der Ärger, den man über jemand oder über etwas empfindet, nichts mit dieser Person oder dieser Sache zu tun, sondern er ist ein Phänomen für sich. *Ich* ärgere *mich*. Das ist rein subjektiv. Die Person, über die ich mich ärgere, merkt vielleicht gar nichts von meinem Ärger, was *mich* dann noch mehr ärgert. Nicht die Person oder die Sache machen mich ärgerlich, sondern mein eigener Schatten. Jung sagt:»Es geht immer nur um das, was sich in meiner Seele abspielt, die anderen sind nur Auslöser, haben aber mit dem Ärger, den ich habe, nichts zu tun. Dein schlimmster Feind ist in dir selbst.«[46] Die Menschen, die uns in der Außenwelt begegnen, sind Exponenten unserer psychischen Verfassung: »Ich bin immer derselbe Dr. Jung, aber die Erfahrungen, die meine Analysanden mit mir machen, sind außerordentlich verschieden, d.h. sie erleben sich selber in der Begegnung mit mir.«[47]

Die Welt des Vishuddhi ist die Welt der Symbole. Im Symbol begegnen wir immer uns selbst. Wenn ich dem Dunkeln im Symbol begegne, dann begegne ich dem Dunkeln in mir. Wenn ich dem Hellen im Symbol begegne, dann begegne ich dem Hellen in mir. Wenn ich dem Göttlichen im Symbol begegne, dann begegne ich dem Göttlichen in mir.

6. Ajna – Stirnauge

Ajna (= Weisung)

Zu den beiden höchsten Chakren macht Jung nur wenige Aussagen. Er meint, dass sie in einem Bereich liegen, der nicht mehr zu unserer alltäglichen Erfahrungsebene gehört und der auch von der Menschheit als Ganzes noch lange nicht erreicht ist.

Zum Ajna-Chakra meint Jung:»Hier ist nichts als Psyche ... und doch ist da eine andere Psyche als Gegenüber zu deiner psychischen Realität, nämlich die Nicht-Ego-Realität, in der du aufgehen wirst ... Das Psychische ist nicht mehr ein Inhalt in uns, sondern wir sind ein Inhalt im Psychischen.«[48]

Ajna bedeutet»Weisung«. Beim Stirnauge geht es um das innere Sehen[49], um die innere Weisung. Sie hat nichts mit irgendwelchen Gesetzen, Befehlen oder Vorschriften zu tun, sondern diese innere Weisung ist eine Kraft, die bewirkt, dass etwas *geschieht*:[50] »... du träumst nicht einmal davon, dass du irgendetwas anderes tun könntest, als das, was diese Kraft fordert. Ja, diese Kraft fordert nicht einmal etwas, denn du tust ja bereits das, was die Kraft will, denn du *bist* die Kraft.«[51] Ajna ist das Eins-Werden des menschlichen Wollens mit dem göttlichen Wollen. Jung meint weiter: »Das Ajna ist der Zustand einer totalen Bewusstheit – nicht nur einer Selbstbewusstheit, sondern einer Bewusstheit, die alles einschließt ... jeden Baum, jeden Stein, jeden Lufthauch, jeden Rattenschwanz. All das bist du selbst. Es gibt nichts, was du nicht bist. In einer solchen unendlich weiten Bewusstheit werden auch alle Chakren gleichzeitig erfahren, denn es ist der höchste Zustand der Bewusstheit. Und er wäre nicht der höchste, wenn er nicht alle früheren Erfahrungen mit einschließen würde.«[52]

7. Sahasrara – Kronenchakra

Sahasrara (= tausendblättriger Lotos)

Jung sagt zu diesem Chakra: »Sahasrara ist jenseits jeder Erfahrung. Im Sahasrara ist nur noch Brahman. Brahman kann nicht erfahren werden. Es ist die ›Nicht-Zwei‹, und alles, was nicht zwei ist, was nicht teil hat an der Polarität, ist nicht erfahrbar.«[53] Die Kombination von »seiend« und »nicht-seiend« ist in dieser Welt nicht möglich. Das Seiende, das zugleich das nicht Seiende ist, wird in Indien Nirwana genannt.

Was ist Nirwana? – Als Buddha einmal gefragt wurde, ob es Nirwana gibt, gab er keine Antwort. Als er gefragt wurde, ob es Nirwana nicht gibt, gab er ebenfalls keine Antwort.

Buddha wollte damit zum Ausdruck bringen, dass jede Aussage über Nirwana falsch ist, weil eine Aussage eine Dualität voraussetzt. Indem ich etwas bezeichne, grenze ich es von etwas anderem ab. Nirwana ist das Alles und das Nichts. Man kann also nur schweigen.

Zusammenfassend noch einmal C.G. Jung: »Die Chakren sind Intuitionen über die Psyche als Ganzes, über ihre verschiedenen Zustände und Möglichkeiten. Sie symbolisieren die Psyche von einem kosmischen Standpunkt aus; es ist wie wenn ein Überbewusstsein, ein allumfassendes göttliches Bewusstsein von oben herunter die Psyche überschaute.«[54]

So viel zu den Ausführungen C.G. Jungs zu den Chakren. Bei allen »Stufen« und »Phasen« gilt es zu beachten, dass der Chakren-Weg so wenig wie der Individuationsprozess ein Abheben in »höhere Sphären« ist. Im Gegenteil, für Jung ist es wichtig, dass wir bei allem »Aufsteigen« fest im Wurzelchakra verankert bleiben. Auch wenn immer etwas von der erreichten Stufe hängen bleibt[55], will diese erreichte Stufe immer wieder neu eingeübt werden.

M. L. von Franz sagt dazu: »Wie viele Male hat in der Analyse ein Mensch ein Problem einigermassen überwunden und fühlt sich in Frieden und bis zu einem gewissen Grade eins mit sich selbst, sodass er den Eindruck hat, dass das Schlimmste überwunden sei – aber drei Wochen später beginnt alles wieder von neuem, so als wäre nichts geschehen. Es bedarf vieler Wiederholungen bis die Erfahrungen befestigt sind und das Werk schließlich trägt.«[56]

Die Chakrensymbole und der Weg der Chakren

Der Weg der Kundalini und die Chakren

Symbol des Chakren-Weges ist die Kundalini-Schlange, die im mütterlichen Urgrund der Erde schlummert und – erweckt – durch die einzelnen Chakren emporsteigt, sie miteinander verbindet und mit psychischer Energie erfüllt. Der Wurzelgrund der Kundalini bleibt jedoch das Wurzelchakra. Durch die Kundalini erhalten alle Chakren Anteil an der Kraft des Wurzelchakras und bleiben dadurch mit der mütterlichen Erde verbunden. Der Weg der Kundalini vom Wurzelchakra zum Kronenchakra bedeutet somit die Vereinigung der Erde mit dem Himmel, der »Mutter« mit dem »Vater«.

Im Mythos wird der Weg der Kundalini als Vereinigung von Shakti und Shiva beschrieben. Shakti ist die weibliche Kundalini-Energie. Sie hat ihren Sitz im Wurzelchakra und von dort steigt sie auf. Shiva, der seinen Sitz im Kronenchakra hat, holt die Shakti ab und begleitet sie durch die einzelnen Chakren hindurch. Schon im Wurzelchakra sind Shiva und Shakti gemeinsam dargestellt als eine Vereinigung der Erdenergie mit der Himmelsenergie.

Der Weg der Kundalini vom Wurzelchakra zum Kronenchakra hat Zwischenstationen, nämlich die fünf mittleren Chakren vom Polaritätschakra bis zum Stirnauge. Die Kundalini verbindet die Erfahrungen dieser Zwischenstationen mit dem Wurzelchakra und mit dem Kronenchakra, sodass die Kundalini bei ihrer Ankunft im Kronenchakra sieben Köpfe hat – Ausdruck der Erfahrungen der einzelnen Chakren auf dem Weg vom Wurzelchakra zum Kronenchakra. Das siebenköpfige Haupt der Kundalini symbolisiert somit die Gesamtheit ihres Weges (»Der Weg ist das Ziel«):

Die Chakren

Chakren sind unserem Körper eingestiftete Gedächtnisstützen für den Individuationsweg. Das ist sehr bedeutsam. Unser Körper erinnert uns somit ständig an den innerseelischen Entwicklungsprozess. Indem wir unsere Aufmerksamkeit auf die einzelnen Chakren richten, erleben wir sie als Erinnerungspunkte für die einzelnen Stationen des Individuationsprozesses.

Es gibt unendlich viele Chakren. Die höchste Zahl, die ich gelesen habe, ist 88000. Wenn jedoch die sieben Hauptchakren in Bewegung kommen, werden alle anderen Chakren mitbewegt. Die Energie, die aus dem Kosmos oder aus der Umwelt durch die Chakren aufgenommen wird, heißt *prana*. Die Röhre, durch welche prana fließt, heißt *nadi*.

Menschen, welche die Chakren sehen können, sehen sie als blütenähnliche Gebilde[1], die sich trichterförmig drehen und dabei Energie ansaugen. Die angesaugte Energie fließt in den Körper und belebt ihn dadurch.

Es ist jedoch wichtig, dass wir nicht alles aufnehmen, was uns umgibt. Es gibt Situationen und Orte, in denen die Atmosphäre nicht gut ist. Da müssen wir uns schützen. Normalerweise geschieht dies automatisch, denn Chakren sind wie Blumen, die sich schließen, wenn es kalt wird und die sich öffnen, wenn es warm wird. Blumen nehmen das Sonnenlicht auf und schützen sich gegen Kälte. In ähnlicher Weise nehmen die Chakren heilsame Energie auf und schützen sich vor der schädlichen. Bei vielen Menschen sind die Chakren jedoch blockiert, weil wir den rechten Umgang mit den Chakren weitgehend verlernt haben. Unsere Chakren sind entweder zu weit geöffnet und nehmen alles auf, auch das Negative – oder sie sind zu sehr geschlossen und lassen nichts eindringen, auch nicht das Positive. Durch die Chakren-Meditation lernen wir wieder den rechten Umgang mit den Chakren. Die Chakren werden wieder flexibel. Es gilt jedoch zu beachten, dass nach einer Meditation die Chakren weit offen sind. Es ist deshalb wichtig, dass wir die Chakren, bevor wir in die Alltagswelt zurückkehren, wieder harmonisieren. Es gibt verschiedene Methoden, dies zu tun:

Die Chakren harmonisieren

Die Streichübung

Wir führen diese Übung stehend aus: Wir halten zunächst beide Hände in der Magengegend übereinander, ohne dass sie den Körper berühren. Wir behalten sie dann übereinander gelegt und fahren mit ihnen den Körper empor über den Kopf bis hinunter zum Genick. Dort lösen wir die Hände voneinander und kehren in die Anfangsposition zurück. Dieses Streichen wiederholen wir etwa 10- bis 12-mal. Wir können diese Übung auch in der Imagination ausführen, wenn wir z.B. unterwegs sind und das Bedürfnis haben, uns gegen ungute Einflüsse abzugrenzen. Durch das Harmonisieren »funktionieren« die Chakren wieder richtig, sodass sie nur die positive Energie aufnehmen und sich für negative Energien verschließen.

Das Kreuzeszeichen

Auch das Kreuzeszeichen hat harmonisierende Wirkung auf die Chakren. Wir bilden mit der Hand den Längsbalken des Kreuzes, indem wir vom Kopf bis zum Wurzelchakra in geringem Abstand über den Körper herabfahren. Den Querbalken bilden wir, indem wir unsere Hand von einer Schulter zur anderen bewegen, wobei dies von rechts nach links (wie in der orthodoxen Tradition) oder von links nach rechts (wie in der katholischen Tradition) geschehen kann. Wir können dabei die Worte sprechen: Dein ist das Reich (Kopf) und die Kraft (Wurzelchakra) und die Herrlichkeit (eine Schulter) in Ewigkeit (andere Schulter), Amen. Beim Amen können wir die Hand auf das Herz legen.

Die Lemniskate

Wir legen unsere rechte Hand auf das Sonnengeflecht (unterhalb des Nabels; Abstand vom Körper bzw. der Kleidung ca. 5 cm) und bewegen sie langsam und weich zur rechten Schulter und dann über den Scheitel zur linken Schulter und dann über

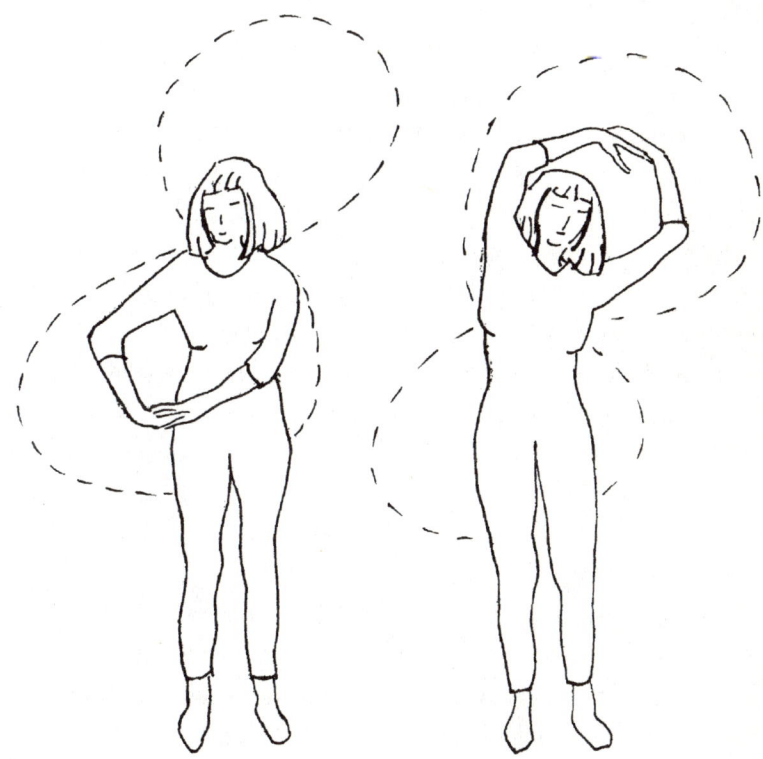

das Sonnengeflecht zur rechten Hüfte und dann in einem weichen Bogen zur linken Hüfte und zurück zum Sonnengeflecht. Wir können diese Übung mehrmals wiederholen. Wenn wir sie mit der linken Hand ausführen, bewegen wir die Hand zunächst vom Sonnengeflecht zur linken Schulter, dann über den Scheitel zur rechten Schulter, dann über das Sonnengeflecht zur linken Hüfte und in einem weichen Bogen zur rechten Hüfte und zurück zum Sonnengeflecht. Wir können auch beide Hände übereinander legen und die Übung nach beiden Richtungen hin ausführen (diese mit beiden Händen gestaltete Lemniskate hat eine besonders starke harmonisierende und schützende Wirkung):

Die Blütenblätter

Wenn wir die Chakren-Symbole betrachten, fällt zunächst die unterschiedliche Zahl der Blütenblätter auf. Im Symbol des Wurzelchakras begegnen uns vier Lotosblütenblätter, beim nächsten Chakra sechs. Beim Sonnengeflechtschakra sind es zehn Blütenblätter, dann folgen zwölf. Wurzelchakra und Polaritätschakra sind somit durch je zwei Blütenblätter voneinander unterschieden, ebenso das Sonnengeflechtschakra und das Herzchakra. Dagegen beträgt der Unterschied zwischen dem Polaritätschakra und dem Sonnengeflechtschakra und zwischen dem Herzchakra und dem Halschakra vier Blütenblätter. Die Chakren, die nur durch zwei Blütenblätter voneinander getrennt sind, gehören besonders nahe zusammen.

Die Quersumme der Anzahl der beiden unteren Blütenblätter ist eins (4+6=10=1). Die 1 ist die Zahl des Wurzelchakras. Das Wurzelchakra ist somit dominierend. Es wird im Polaritätschakra belebt und vervollständigt.

Auch das dritte und vierte Chakra gehören zusammen. Hier ist die Quersumme die Vier (10+12=22 / 2+2=4). Die Vier gehört zum Herzchakra. Hier ist also das Herzchakra dominierend. Das Sonnengeflechtschakra ist auf das Herzchakra hin ausgerichtet. Das Herzchakra ist das Entwicklungsziel des Sonnengeflechtschakras.

Die 16 Blütenblätter im fünften Chakra ergeben die Quersumme sieben. Dieses Chakra ist eine Ganzheit in sich. Das sechste Chakra als Vereinigung von männlich und weiblich ist ebenfalls eine Einheit für sich.

Im obersten Chakra symbolisiert der 1000-blättrige Lotos wieder die Eins. Im Kronenchakra ist die Eins jedoch nicht mehr die undifferenzierte Eins des Wurzelchakras, sondern die differenzierte Einheit des gesamten Chakren-Weges.

Das Wurzelchakra – Muladhara

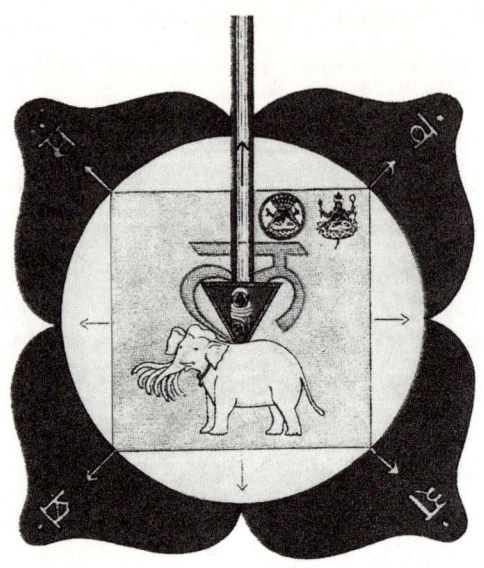

Das Symbol des Wurzelchakras

Das Symbol des Wurzelchakras hat vier Blütenblätter. In jedem Blütenblatt steht ein Sanskrit-Buchstabe. Es sind die vier letzten Buchstaben des Sanskrit-Alphabets. Das Sanskrit-Alphabet hat 50 Buchstaben, die vom Wurzelchakra bis zum Stirnauge auf den Blütenblättern eingezeichnet sind – und zwar rückwärts, vom letzten bis zum ersten Buchstaben.

In der Mitte des Wurzelchakra-Symbols ist das Zeichen LA, das für »Erde« steht. Der Kreis über dem Buchstaben LA ist das Zeichen für OM. Om ist der alles umfassende Buchstabe. LA mit OM zusammen wird LAM gesprochen. Wenn wir uns mit dem Sanskrit befassen, befinden wir uns auf unserem ureigensten Boden. Sanskrit ist eine indogermanische Sprache. Fast alle europäischen Sprachen haben ihre Wurzeln im Sanskrit.

Im OM-Kreis ist Shiva, rechts daneben ist Shakti.

Im Wurzelchakra-Symbol ist die Zahl vier stark betont: Vier Blütenblätter mit vier Buchstaben, das Quadrat mit vier Seiten und vier Ecken symbolisiert die irdische Ganzheit (das Quadrat kommt nur im Wurzelchakra vor) und die Pfeile, von denen vier in den Blütenblättern und vier im Kreis sind (der obere Pfeil ist in der Nadi), und schließlich die vier Beine des Elefanten. Die Vier erinnert an die vier Himmelsrichtungen, an die vier Jahreszeiten, an die vier Elemente, an die vier Temperamente unserer Psyche (und an ihre verschiedenen Weiterentwicklungen, bis hin zu den 4 mal 4 Jung'schen Funktionstypen).

Das Quadrat ist eingebunden in einen Kreis. Dies bedeutet, dass die irdische Ganzheit in die alles umfassende himmlische Ganzheit eingebunden ist.

Zum Wurzelchakra schreibt C.G. Jung: »Muladhara als unsere Wurzel ist – psychologisch interpretiert – unser Bewusstsein. Es ist der Ort, wo das Selbst und alles Göttliche schläft. Die Erde ist unsere Wurzel. Hier stehen wir fest. Wenn wir uns umschauen, orientieren wir uns ganz unwillkürlich nach den vier Windrichtungen, denn unser Standort ist das Mandala der Erde. Alles, was wir vom Muladhara sagen können, stimmt auch für unsere Welt, für diesen dunklen Ort der Unbewusstheit, wo wir ein Opfer der Umstände sind und durch unsere Vernunft nur wenig erreichen ... Hier sind wir genau wie alle anderen Leute, in participation mystique befangen, von Impulsen und blinden Instinkten geleitet. Nur am Sonntagmorgen, wenn wir in die Kirche gehen oder in die Natur, dann überkommt uns vielleicht eine Ahnung vom nächsten Chakra. Da rührt sich das schlafende Dornröschen, das Selbst, das Nicht-Ich ein bisschen und wir wünschen, wir könnten etwas nicht ganz Alltägliches tun. Aber die Muladhara-Welt, wo wir so vernünftig oder unvernünftig wie Tiere sind, ist ein ganz banaler Ort.«[2]

Das Tier im Muladhara ist der Elefant, der mit vier Beinen fest auf der Erde steht. Die sieben Rüssel machen deutlich, dass in ihm alle sieben Chakren enthalten sind. Der gesamte Aufstieg ist potenziell schon im Wurzelchakra enthalten.

Die zweimal vier Pfeile sind Symbol für die Energie der Kundalini.

In der Mitte sehen wir ein nach unten gerichtetes »weibliches« Dreieck (»Yoni«). In diesem Dreieck ist ein männliches Symbol (»Lingam«), um das die Kundalini dreieinhalbmal gewunden ist. Durch das weiße Käppchen am oberen Ende des Lingam wird bereits das Kronenchakra angedeutet, d.h. der gesamte Weg der Kundalini ist bereits im Wurzelchakra potenziell enthalten.

Die Welt des Bewusstseins

Das Wurzelchakra ist der Sitz der Kundalini-Schlange, in welcher alle Energie enthalten, aber noch nicht entfaltet ist. Psychologisch bedeutet das Wurzelchakra die Welt des Bewusstseins. Alles, was unbewusst ist, ruht noch. Im Wurzelchakra leben heißt, im Hier und Jetzt leben, den Alltag ernst nehmen. Das Wurzelchakra ist die Ausgangsbasis jeder Chakren-Meditation. Es ist die Realität, in der wir leben. Im Wurzelchakra leben heißt, an dem Platz, an den wir gestellt sind, die Aufgabe erfüllen, zu der wir auf Erden sind, indem wir wie der Elefant fest auf dem Boden stehen und die Lasten des Alltags tragen. Der Elefant ist außerdem »Symbol der domestizierten Libido, dem in unserer eigenen Symbolik etwa das Pferd gleichzustellen wäre. Er bedeutet Willenskraft oder den Trieb zu bewusstem Handeln.«[3]

Was bedeutet es nun, wenn wir uns im Wurzelchakra mit der Welt des Bewusstseins befassen? Marie-Louise von Franz vergleicht die Psyche mit einer Kugel:[4]

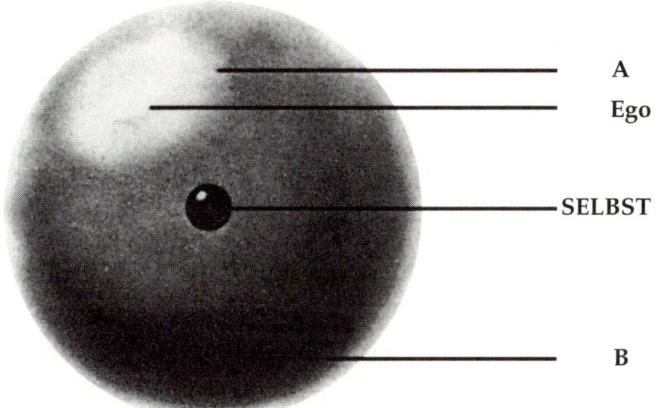

Das Bewusstsein (A) ist der erleuchtete Teil dieser Kugel. Er ist wie von einem Scheinwerfer angeleuchtet. Das Zentrum des Bewusstseins ist das Ego (Ich). Das Selbst ist das Zentrum der Gesamtpersönlichkeit, die den unbewussten Bereich (B) und den bewussten Bereich (A) umfasst. Biblisch ausgedrückt könnte man das Selbst als den »Christus in uns« bezeichnen. Bei der Selbstwerdung wird das »Ich« immer mehr vom »Selbst« bestimmt, bis es schließlich im Ajna-Chakra (Stirnauge) im Selbst aufgeht. Der Bewusstwerdungsprozess bedeutet eine Belebung der Ich-Selbst-Achse. Das Selbst übt mehr und mehr Einfluss auf das Ich aus.

Wir können uns die bewusste und unbewusste Realität auch an folgendem Schema deutlich machen:

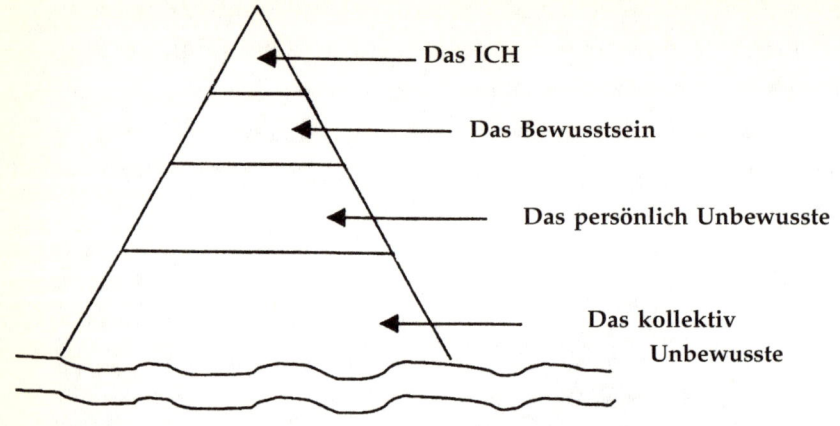

Das ICH

Das Bewusstsein

Das persönlich Unbewusste

Das kollektiv
Unbewusste

Im Wurzelchakra haben wir es nur mit der bewussten Realität zu tun, also mit der Spitze des Dreiecks (die Welt des Unbewussten begegnet uns erst im Polaritätschakra).

Solange wir »nur« in der Welt des Bewusstseins leben, leben wir »unbewusst«, d.h. wesentliche Bereiche unserer Psyche sind uns nicht bewusst und stören deshalb gelegentlich unser vordergründiges Leben durch allerlei Versprecher, Fehlleistungen und dergleichen.[5]

Psychologische Typen

In der äußeren Realität (Wurzelchakra) funktionieren wir jeder auf seine Weise. Dass wir alle verschieden sind, war schon im Altertum bekannt. Die Menschen wurden damals in vier unterschiedliche Typen eingeteilt:

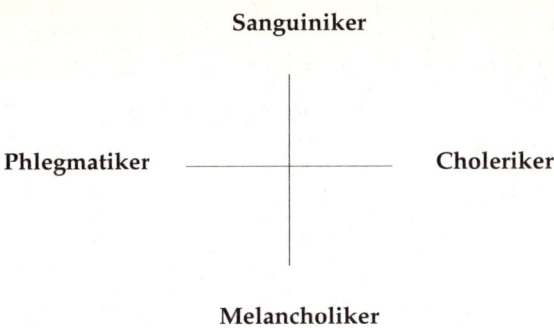

C.G. Jung hat dieses Schema folgendermaßen verändert:

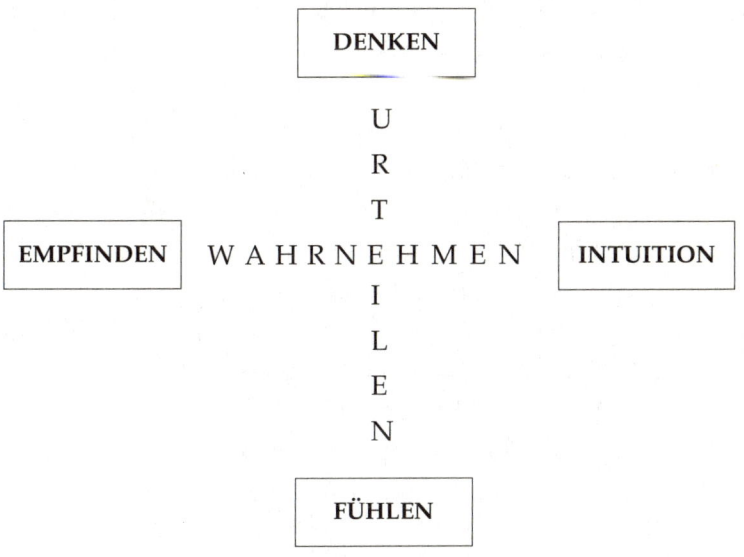

Jung unterscheidet außerdem noch extravertierte (nach außen gerichtete) und introvertierte (nach innen gerichtete) Typen.[6]

Für Jung sind die Denkfunktion und die Fühlfunktion »urteilende« Funktionen. (Der Denktyp urteilt nach: Was ist richtig? Was ist falsch? Der Fühltyp urteilt nach: Was ist angenehm? Was ist unangenehm?) Die beiden anderen Funktionen urteilen nicht, sie nehmen einfach wahr, was da ist. (Die Empfindung nimmt die äußere Realität wahr, die Intuition die innere.)

Jesus vereint – als Urbild des Menschen – alle Typen.[7] In der ersten Lebenshälfte ist in der Regel eine Funktion vorherrschend. Jung bezeichnet sie als »Hauptfunktion«. Der Mensch lernt zunächst einmal, sich mit dieser einen Funktion durchzusetzen. Jung bezeichnet die der Hauptfunktion entgegengesetzte Funktion als »minderwertige« Funktion. So ist z.b. beim Denktyp das Fühlen die minderwertige Funktion. Ein reiner Denktyp hat es sehr schwer, an seine Gefühle heranzukommen, und der reine Fühltyp hat Probleme mit dem logischen Denken. (In der zweiten Lebenshälfte geht es dann darum, die vernachlässigte Funktion heimzuholen.)

Beim Denktyp gelten die Intuition und die Empfindung als Hilfsfunktion. Diese können eingesetzt werden, um Zugang zur minderwertigen Funktion zu finden. Da ein Mensch außer Hauptfunktion und Hilfsfunktion auch noch extravertiert oder introvertiert ist, kennt das Jung'sche Typenschema sechzehn Typenmöglichkeiten (z.B. ein extravertierter Denktyp mit Intuition als Hilfsfunktion).[8]

Das Ineinanderfließen der einzelnen Funktionen kann man am besten durch das Yin-Yang-Symbol ausdrücken (Der helle Bereich ist der bewusste Bereich, der dunkle der unbewusste.):

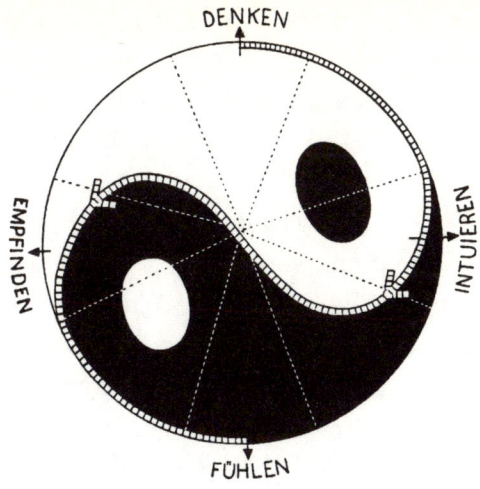

DENKEN

EMPFINDEN

INTUIEREN

FÜHLEN

Neben den Jung'schen Funktionstypen gibt es noch andere Typen-Schemata, z.B. das Eneagramm oder die Riemann'schen Typen[9]. Für viele Menschen ist das persönliche Kosmogramm besonders hilfreich[10].

Die Persona

Zur Welt des Bewusstseins gehört auch die so genannte »Persona«, die C.G. Jung folgendermaßen definiert: »Die Persona ist ein Funktionskomplex, der aus Gründen der Anpassung oder der Bequemlichkeit zustande gekommen ist, aber nicht identisch ist mit der Individualität.«[11] Bis zu einem gewissen Grade bedeutet die Persona eine Persönlichkeitsspaltung. So meint C.G. Jung: »Der sprichwörtliche Ausdruck ›Gassenengel – Hausteufel‹ ist eine den alltäglichen Erfahrungen entsprungene Formulierung des Phänomens der Persönlichkeitsspaltung. Ein bestimmtes Milieu erfordert eine bestimmte Einstellung. Je länger oder je öfter diese dem Milieu entsprechende Einstellung erfordert ist, desto eher wird sie habituell. Sehr viele Menschen von der gebildeten Klasse müssen sich meistens in zwei total verschiedenen Milieus bewegen, im häuslichen Kreis in der Familie und im Geschäftsleben. Die beiden total verschiedenen Umgebungen erfordern zwei total verschiedene Einstellungen, die je nach dem Grade der Identifikation des Ich mit der jeweiligen Einstellung eine Verdoppelung des Charakters bedingen. Den sozialen Bedingungen und Notwendigkeiten entsprechend orientiert sich der soziale Charakter einerseits nach den Erwartungen, oder den Anforderungen des geschäftlichen Milieus, andererseits nach den sozialen Absichten und Bestrebungen des Subjekts. Der häusliche Charakter dürfte sich in der Regel mehr nach dem gemütlichen und den Bequemlichkeitsansprüchen des Subjekts gestalten, woher es kommt, dass Leute, die im öffentlichen Leben äußerst energisch, mutig, hartnäckig, eigensinnig und rücksichtslos sind, zu Hause und in der Familie als gutmütig, weich, nachgiebig und schwach erscheinen. Welches ist nun der wahre Charakter, die wirkliche Persönlichkeit? Diese Frage ist oft unmöglich zu beantworten.«[12]

Mit meiner Persona zeige ich mich so, wie ich mich gerne zeigen möchte und wie es nach meiner Erfahrung für mich vorteilhaft ist und wodurch ich möglichst wenig Anstoß errege.

Zwei Extreme gilt es bei der Entwicklung der Persona zu vermeiden. Einerseits, dass ich eine Persona ablehne und mich bei jeder Gelegenheit egoistisch, ohne Rücksicht auf die Umwelt benehme, andererseits, dass ich mich mit meiner Persona (»Maske«) identifiziere.[13]

C.G. Jung hat das Bild einer Frau veröffentlicht[14], das sie in der Wurzelchakra-Phase zeigt:

Jene Frau empfindet sich als rein und fleckenlos, aber ganz unten ist ein abgedrängter Schattenbereich. Das ist typisch für die Muladhara-Situation, in der das Unbewusste noch schläft und der Mensch in der Illusion einer fleckenlosen Persona lebt. Der Regenbogen als Andeutung des gesamten Entwicklungsprozesses ist schon vorhanden, aber noch weit über ihr.

In ihrer linken Hand hält sie jedoch einen schwarzen Fisch, den C.G. Jung als den Makara (Leviathan) des Svadhisthana-Chakras deutet[15]. Jene Frau bringt also in diesem Bild unbewusst zum Ausdruck, dass sie sich auf den Individuationsprozess eingelassen hat und an der Schwelle zum nächsten Chakra steht.

Eine Körperübung zum Wurzelchakra als Gedächtnisstütze und zur »Einverleibung«

○ Mit ausgestreckten Armen (Handflächen nach unten) gehen wir in die Kniebeuge.

○ Wir stellen uns dabei vor, dass wir die Erde segnen.

○ Bei den einzelnen Kniebeugen denken oder sprechen wir:

Ich bin Erde.
Ich bin in der Erde verwurzelt.
Die Erde trägt mich.
Die Erde ist meine Mutter.
Zur Erde kehre ich zurück.

○ Wenn wir uns erheben und aufrecht stehen, machen wir uns bewusst:
Ich lebe in dieser Welt.
Ich lebe hier und jetzt.
Ich packe die Aufgabe an, die mir jetzt vor die Füße gelegt ist.
Ich erledige das, was es jetzt zu erledigen gilt.

○ Wir wiederholen diese Übung so oft, wie es für uns stimmt.

Das Polaritätschakra – Svadhisthana

Das Symbol des Polaritätschakras

Svadhisthana heißt »der eigene Wohnplatz« (*Sva* = das, was zu mir gehört, *sthan* = der Wohnplatz). Dieses Chakra symbolisiert das, was auch noch zu uns gehört – nämlich der Bereich des Unbewussten. Zu unserer Gesamtpersönlichkeit gehört nicht nur die Welt des Bewusstseins, sondern auch die Welt des Unbewussten. Das, was aus meinem Unbewussten auftaucht, sind Eigenschaften, die *auch* zu mir gehören. Mein »eigener Wohnplatz« ist also der Bereich des Bewussten *und* des Unbewussten – also die ganze Kugel (siehe S. 37). Jetzt geht es nicht mehr nur um die angeleuchtete Scheibe auf der Kugel, nicht mehr nur um den hellen Bereich, sondern im zweiten Chakra geht es auch um den Bereich des Unbewussten. Zur Welt des Bewusstseins (Wurzelchakra) kommt die Welt des Unbewussten hinzu. Deshalb der Name »Polaritäts«-Chakra, weil jetzt der Gegenpol dazukommt.

Das Schaubild hat sechs Blütenblätter, auf denen die nächsten sechs Buchstaben des Sanskrit-Alphabets stehen. Es sind also zwei Blütenblätter mehr als beim Wurzelchakra, das nur vier Blütenblättern hat. Das Svadhisthana-Schaubild unterscheidet sich jedoch durch vier Blütenblätter vom Schaubild des nächsten Chakras (Manipura). Wie gesagt: Die Chakren, die nur durch zwei Blütenblätter voneinander unterschieden sind, gehören enger zusammen als die Chakren, die durch vier Blütenblätter unterschieden sind. Wurzelchakra und Polaritätschakra gehören zusammen und zwar in dem Sinn, dass das, was im Wurzelchakra enthalten ist, im Polaritätschakra offenbar wird, nämlich das Verborgene und das Unbewusste.

Das Unbewusste ist im Schaubild des Polaritätschakras durch die Mondsichel symbolisiert. Der Mond ist der Gegenpol zur Sonne. Schon im Schöpfungsbericht der Bibel heißt es:»Die Sonne regiert den *Tag*, der Mond regiert die *Nacht*.«[16] Nacht und Mond sind Symbole des Unbewussten. Wenn Jung sagt:»Das zweite Zentrum trägt alle Kennzeichen des Unbewussten.«, dann meint er damit, dass das Unbewusste sich»komplementär zur bewussten Einstellung«[17] verhält. Das bedeutet: Das, was im Bewusstsein groß ist, ist im Unbewussten klein, das, was im Bewusstsein männlich ist, ist im Unbewussten weiblich, das, was im Bewusstsein edel ist, ist im Unbewussten unedel usw. Auch in den Märchen begegnen uns diese Gegenpole: Die Zwerge, die klein und oft verachtet sind, sind im Märchen in der Regel die Schlauen, während die Riesen, die groß und imponierend sind, im Märchen meistens die Dummen sind. Ähnlich ist es auch in den Träumen: Was wir im Bewusstsein ablehnen, begegnet uns in den Träumen als zu uns gehörig. Das gilt auch für das Seeungeheuer Makara im Schaubild des Polaritätschakras.

Der Makara oder Leviathan (so heißt er in der Bibel) bezeichnet das verschlingende Ungeheuer der Tiefe. Jung schreibt: »Wenn wir Muladhara verlassen und Svadhisthana erreichen, so erhalten die Mächte, auf die wir uns bisher gestützt haben, ein anderes Gesicht. Was uns in der bewussten Welt trug und erhielt, wird, wenn wir das Unbewusste betreten, zu unserem schlimmsten Feind. Der Leviathan in der Tiefe ist das Gleiche, was der Elephant auf der Erde ist. Was aber auf der Erde ein Segen war, wird im Unbewussten zum Fluch. Der Makara ist wieder der Elephant, aber mit negativem Vorzeichen. So kann auch die gütige Mutter, die ihr Kind liebevoll großgezogen hat, zur verschlingenden Mutter werden, wenn sich das Kind beim Eintritt in das Erwachsenenleben von ihr loslösen muss.«[18] Die verschlingende Mutter begegnet uns z.B. im Märchen von Hänsel und Gretel in der Gestalt der Hexe, die zunächst die Nährende und Spendende ist, dann aber zur Fressenden wird. Jung schreibt: »Wer versucht, die Welt zu verlassen um ins Unbewusste einzudringen, der hat den Elephanten in seiner Form als Makara gegen sich.«[19] Wenn man sich ins Unbewusste begibt, ist es zunächst nicht schwierig an dem Ungeheuer vorbeizukommen, aber wehe, wenn man zurück will – dann läuft man ins offene Maul des Leviathan. Das Seeungeheuer ist also gefährlich für den, der sich mit dem Unbewussten eingelassen hat und dann wieder zurück will. Er merkt, dass dies fast unmöglich ist.

Jung erinnert in diesem Zusammenhang an die mittelalterliche Erzählung »Der Traum des Poliphilo«: Ein Mönch reist durch einen dunklen, unbekannten Wald (Jung deutet dies als Reise ins Unbewusste) und verirrt sich. Da begegnet ihm ein Wolf. Der Mönch ist zunächst erschrocken, doch dann folgt er dem Wolf, der ihn zu einer Quelle führt. (Jung sieht darin ein Symbol der Taufe.) Der Mönch trinkt vom Wasser der Quelle und geht weiter. Doch dann wird ihm plötzlich unbehaglich zu Mute und er hat Angst. Er will umkehren. Als er sich umdreht, um den Rückweg anzutreten, versperrt ihm eine Drache den Weg, sodass er nicht zurück kann. Jung deutet diesen Drachen als die Kundalini, die uns zwingt, auf dem Weg des großen Abenteuers weiter zu schreiten. Es kann sein, dass wir dann sagen:»Warum habe ich mich auch auf ein solches Abenteuer eingelassen!« Wenn wir jedoch tatsächlich aufgeben würden, dann würde unser Leben bedeutungslos. Es würde seinen Duft verlieren. Dagegen macht das Weiterschreiten ins Unbekannte und in Abenteuer das Leben lebenswert. Die Kundalini ist der göttliche Impuls, der uns dazu antreibt.[20]

Dem Svadhisthana ist das Element Wasser zugeordnet, der Buchstabe in der Mitte ist Va (Vam) und steht für die Wassergottheit Varuna. Hauer meint, dass die acht äußeren und inneren Lotosblätter »das Gefühl des bewegten Wassers«[21] hervorrufen. Man sieht geradezu, wie sich das Wasser wellenförmig nach Innen und nach Außen bewegt.

Wasserträume sind recht häufig. Es sind meistens Träume, die zum Polaritätschakra gehören. Wenn wir dagegen von festen Gegenständen träumen, dann sind dies in der Regel Muladhara-Träume. Man kann also auch an den Träumen erkennen, welche Chakren-Thematik unsere Seele beschäftigt. (Die Erfahrung zeigt, dass die unteren Chakren häufiger in Träumen vorkommen als die höheren.) Jung sagt, dass auch die christliche Taufe ein Gang ins Wasser ist und eine gefährliche Seite hat. Er verweist auf das Baptisterium der Orthodoxen in Ravenna, wo unter den vier Fresken auch ein Fresko des sinkenden Petrus ist – ein Hinweis auf den verschlingenden Aspekt des Wassers.[22]

Wie eingangs erwähnt, meint Jung, dass wir heute statt Makara (oder Leviathan) »Analyse« sagen, denn auch Analyse bedeute Wiedergeburt und Gefahr des Ertrinkens im Unbewussten.[23] Eine Analyse ist kein angenehmer Spaziergang, sondern sie ist ein Sich-Einlassen auf Tod und Leben.[24]

Der antike Sonnenmythos ist eine symbolische Darstellung der Taufe und des Polaritätschakras. Die alte Sonne ertrinkt im Westmeer, vollführt dann ihre Nachtmeerfahrt und wird am Morgen im Osten wieder geboren. Zum Polaritätschakra gehört also nicht nur das Verschlungenwerden, sondern auch das Wissen um die Wiedergeburt.[25]

Die Projektion

Im Polaritätschakra zeigt sich – wie gesagt – der Gegenpol, der im Wurzelchakra unbewusst geblieben ist, nämlich unser Schatten. Der Schatten ist immer unbewusst, sonst wäre es kein Schatten.

Der Schatten zeigt sich vor allem in der Projektion[26]. Die Projektion hat eine ganz wichtige Funktion, weil wir durch die Projektion uns selber kennen lernen. Wir dürfen also Projektionen nicht sofort abstoppen und sagen: »Man darf doch nicht so hässlich über andere Leute denken!« Doch, das darf und muss man sogar! Wenn wir das nicht tun, dann verhindern wir, dass wir uns selber kennen lernen. Manchmal habe ich den Eindruck, dass unsere Mitmenschen nur dazu da sind, dass wir uns über sie ärgern (oder sie bewundern!), damit wir dadurch uns selber besser kennen lernen.

Unseren Schatten nehmen wir in der Projektion besonders anschaulich wahr. Deswegen ist es so aufschlussreich, wenn man Menschen zuhört, die über andere schimpfen. Dabei zeigen sie sich selber wie in einer Röntgenaufnahme. Sie zeigen, wer sie wirklich sind. Auch wenn Politiker gegen andere ausfällig werden, erkennt man recht gut ihren Schatten. Was uns am anderen emotional aufregt (es ist wichtig, dass Emotionen dabei sind!) ist unser Schatten. Durch die Projektion wird zunächst sichtbar, was *auch* noch in uns ist. Das, was wir unter dem Deckel halten, wird in der Projektion sichtbar. Wir zeigen dann Eigenschaften, die nicht zu unserer Persona passen. Das Projizieren – so notwendig es ist – ist aber auch gefährlich. Wenn wir unsere Projektionen nicht zurücknehmen, hängen wir anderen Menschen auf die Dauer etwas an, was zu uns gehört, was uns aber so ärgert, dass wir es auf andere projizieren. Alle Progrome, die es im Laufe der Geschichte gegeben hat, waren die Folgen von Projektionen. Projektionen, die wir nicht zurücknehmen, bewirken außerdem, dass unsere Schattenaspekte ungehindert in unserer Psyche gedeihen. Sie können sich dort entfalten und ins Kraut schießen, was für unsere psychische Entwicklung äußerst schädlich ist und unsere Ganzwerdung verhindert.

Eine besonders gefährliche Folge von Projektionen ist die Verfremdung anderer Menschen durch Projektile, die wir beim projizieren in sie hineinschießen. Schon im Alten Testament wird die Gefährlichkeit solcher Projektile erkannt. So heißt es in den Psalmen: »Ihre falschen Zungen sind mörderische Pfeile«[27]. Was solche mörderischen Projektile im Leben eines Menschen anrichten können, beschreibt Jean-Paul Sartre eindrücklich am Beispiel von Gustave Flaubert[28]: »Das Kind Gustave Flaubert hatte Schwierigkeiten beim Erlernen des Alphabets. Seine Mutter hatte dem älteren Bruder im Handumdrehen das Lesen und Schreiben beigebracht. Bei Gustave scheiterte sie. Nach einiger Zeit glaubte sie dies dem Vater eröffnen zu müssen. Der Vater, mit dem martialischen Namen

Achille-Cléophas Flaubert, der Chefarzt am Krankenhaus von Rouen war, nahm die Mitteilung der Mutter sehr ungnädig auf. Er schaute seinen zweiten Sohn mit dem unbestechlichen Blick des Chirurgen an. Der Knabe saß träumend, am Daumen lutschend, in einer Ecke. Das väterliche Urteil ist unerbitterlich: Zur Mutter gewendet sagt er: Wir haben einen Idioten in der Familie. Das Kind verinnerlicht diesen Spruch des Vaters, er wird sein Lebensgesetz. Gustave wird zum großen Versager in den Augen seiner Familie. Er ist nicht fähig, ein selbstständiges Leben zu führen. Solange die Mutter lebt, behandelt sie ihn als Pflegefall. Nach dem richtenden Blick des Vaters, ist für den Sohn die Zukunft eines tätigen Berufslebens versperrt. Er flieht in die Neurose und in die Welt der Imagination.« (Dies war seine Rettung.) Eine ähnliche Verfremdung durch Projektile schildert Max Frisch in »Andorra«.

Der »Gegenpol«, der uns im Polaritätschakra begegnet, kann natürlich auch »positiven« Charakter haben. Wenn wir diese »positiven« Persönlichkeitsanteile nicht als zu uns gehörig erkennen, dann projizieren wir sie ebenfalls auf unsere Mitmenschen.

Bei der positiven Projektion projiziere ich einen nach meinem Wertsystem positiven Persönlichkeitsanteil auf einen anderen Menschen. Während die negative Projektion zur Verteufelung des anderen führt, führt die positive Projektion zu einer Vergötterung oder Idealisierung des anderen. Positive Projektionen verkörpern eigene Möglichkeiten, die wir nicht erkannt haben. So wie wir den negativen Schatten auf andere legen, weil wir ihn in uns nicht erkennen, so gibt es auch positive Seiten, die wir in uns nicht erkennen, sondern nur beim andern in der Spiegelung wahrnehmen.

Positive Projektile können jedoch genauso gefährlich sein wie negative. Was wir als »positiv« oder »negativ« empfinden, hat mit unserem eigenen Wertsystem zu tun. Was bei dem einen positiv ist, kann bei einem anderen negativ sein und umgekehrt.[29] Wird ein Mensch von vielen angehimmelt, werden ebenfalls Projektile in ihn hineingeschossen, die ihn verfremden und zu etwas machen, was er gar nicht ist. Besonders gefährlich ist dies bei Kindern. Früher war es wahrscheinlich häufiger als heute, dass Eltern »Positives« in ihre Kinder hineinprojiziert haben, z.b. dass sie besonders begabt seien und etwas Besonderes werden sollen, etwas, was die Eltern selber nicht geworden sind.

Mir steht jetzt ein Mann vor Augen – er war damals Mitte vierzig –, dessen Vater gerne Maschinenbauingenieur geworden wäre, es aber aus irgendwelchen Gründen nicht geworden ist. Deshalb wollte er, dass sein Sohn diesen Beruf ergreift. Der Vater hat ihn durch seine Projektile geradezu in diese Laufbahn hineingedrängt, obwohl der Sohn eher künstlerisch begabt war und auch gerne einen künstlerischen Beruf ergriffen hätte. Der Sohn ist schließlich Maschinenbauingenieur geworden, er war in einer Fabrik tätig, hat gut verdient, aber er war nicht glücklich. In seinem Inneren lebte weiterhin das Verlangen, künstlerisch tätig zu sein. Kaum war sein Vater gestorben, hat er seine Stelle aufgegeben und eine künstlerische Laufbahn eingeschlagen. Er ist jetzt glücklich in seinem neuen Beruf – obwohl er weniger verdient als vorher.

Inhalte des Unbewussten und Schatten-Aspekte werden jedoch nicht nur in der Projektion offenbar, sondern auch in Träumen. Hierzu ein Beispiel: Dorothea, eine 45-jährige Frau, war eine tüchtige Mitarbeiterin in einer christlichen Gemeinde, allgemein geschätzt, beliebt und angepasst. Eines Tages kam sie mit persönlichen Problemen in die Therapie. Nach einiger Zeit hatte sie folgenden Traum: Sie sah, wie sie ohne

Hände, ohne Füße, ohne Gesicht, bewegungslos in einer Kirche vor dem Altar lag, auf dem ein starres Holzkreuz stand[30].

Im Gespräch über diesen Traum wurde deutlich, dass Dorothea einen sehr autoritären, kleinlichen Vater hatte. Es gab viele Gebote und Verbote, über deren Einhaltung der Vater eifrig wachte. Der kleinste Ungehorsam wurde streng bestraft. Gott war für Dorothea der ins Unendliche vergrößerte Vater. Er war – wie der Vater – ein strenger Beobachter, der keine »Sünde« durchgehen ließ. Einige Monate nach diesem Traum erinnerte sich Dorothea daran, dass ihre Mutter ihr als Kind immer wieder ein bestimmtes Märchen vorgelesen hat, und zwar das Märchen von Ludwig Bechstein »Gott überall«. In diesem Märchen geht es um Görgel, einen Knaben, der in der Abwesenheit seiner Eltern Hunger verspürt und naschen will. Er will von dem Rahm essen, den seine Mutter im Keller aufbewahrt hat. Bechstein schreibt: »Görgel fing an, von dem Rahm zu essen. Doch wie er im besten Lecken und Schlecken war, rollte ein mächtiger Donner über ihn und der Blitz zuckte durch die Mauerspalte, sodass es ganz hell und feurig im Keller war. Ein Mann stieg aus der Ecke des Kellers, schritt auf Görgel zu und setzte sich ihm gerade gegenüber:

Er hatte zwei feurige Augen, mit denen er fort und fort nach dem Rahmtöpfchen funkelte, sodass der Görgel vor Angst keinen Finger regen konnte und dass er ganz still sitzen bleiben musste.« Diese Situation war in Dorotheas Märchenbuch durch das Bild auf Seite 53 Seite illustriert.

Das Märchen erzählt weiter, dass die Eltern zurückkommen, Görgel suchen und ihn schließlich im Keller entdecken:»Sie machten die Kellertür auf und, siehe da, da saß Görgel noch ganz starr den Rahmtopf in der Hand. So wie er das Geräusch hörte und seine Mutter sah, erschrak er heftig und fuhr zusammen und weinte. Die Mutter nahm ihm den halb geleerten Rahmtopf aus den Händen, führte ihn heraus aus dem Keller und gab ihm seine wohlverdienten Schläge. Der Görgel aber hat sein ganzes Leben nicht mehr wieder genascht. Und wenn später manchmal jemand ihn zu Bösem verleiten wollte, sagte er immer: ›Ich tu's nicht, ich gehe nicht mit, der Gott Überall sieht es. Gott behüte mich!‹ Und er ist ein durchaus rechtlicher und braver Mann geworden.«

In ihrem Traum begegnet Dorothea ganz offensichtlich dem»Gott« dieses Märchens, der durch das Verhalten ihres Vaters noch verstärkt worden ist. Dorothea liegt starr wie Görgel vor dem Altar, über ihr das Kreuz – starr wie der Krötengott. Der Traum zeigt, was dieses Gottesbild in ihrer Seele angerichtet hat. Während Dorothea äußerlich – aus Furcht vor dem Gott, der alles sieht – eine»rechtliche und brave« Frau geworden ist und eine anerkannte Mitarbeiterin in einer christlichen Gemeinde, ist sie innerlich immer mehr erstarrt, unfähig eigene Schritte zu gehen – sie hat keine Füße: unfähig, selbstständig zu handeln – sie hat keine Hände; unfähig, ihr wahres Gesicht zu zeigen – sie hat kein Gesicht. Diese Erstarrung führte schließlich zu physischen und psychischen Symptomen, sodass sie Heilung suchte.

Dorotheas Traum ist ein typischer Polaritätschakra-Traum. Während sie als Kindergottesdienst-Helferin den ihr anvertrauten Kindern vom »lieben« Gott erzählte, der uns unsere Verfehlungen verzeiht –, taucht im Traum aus ihrem Unbewussten der Gegenpol auf: der unbarmherzige »Gott«, der selbst kleine Verfehlungen unbarmherzig bestraft.

Eine Körperübung zum Polaritätschakra als Gedächtnisstütze und zur »Einverleibung«

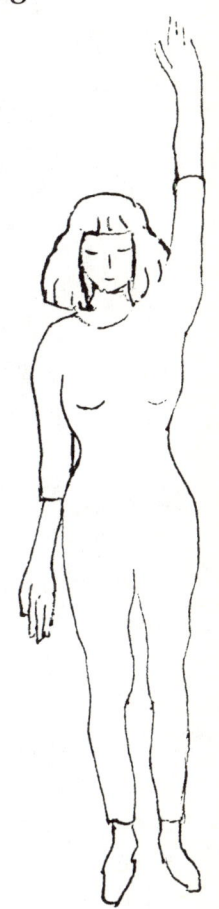

○ *Wir strecken unsere rechte Hand nach oben aus – so hoch, wie es uns möglich ist. Gleichzeitig strecken wir unsere linke Hand nach unten aus – so tief, wie es uns möglich ist. Wir denken oder sprechen dabei: »Ich bin ausgespannt zwischen oben und unten«.*

○ *Dann strecken wir die linke Hand nach oben aus und die rechte nach unten und denken oder sprechen: »Ich bin ausgespannt zwischen rechts und links.«*

○ *Dann wechseln wir wieder – so oft, wie es für uns stimmt, und denken dabei jeweils an die Pole, zwischen denen wir ausgespannt sind; z.B. »Ich bin ausgespannt zwischen hell und dunkel, zwischen Tag und Nacht, zwischen Ewigkeit und Zeit, zwischen Materie und Geist, zwischen Frustration und Lebensfreude usw.«.*

Das Sonnengeflechtschakra – Manipura

Das Symbol des Sonnengeflechtschakras

Wir kommen nun zum Sonnengeflechtschakra »Manipura«. Manipura heißt »Juwelenstadt« (Mani = Juwel, Pura = Stadt). Manipura ist das Feuerzentrum des Körpers. Nach indischem Verständnis ist es das Feuer des Gottes Shiva, der alles zerstört, um es neu zu schaffen. Wie eingangs erwähnt meint Jung: »Im Manipura brechen Leidenschaft und Sexualität, Machtwille und alle emotionalen Teufel los. Nach der Taufe kommen wir direkt in die Hölle. Die Hölle ist die Juwelenfülle. Ein schreckliches Paradoxon. Aber was ist der Mensch, der nicht im Feuer steht? Wo kein Feuer ist, da ist auch kein Licht.«[31]

Das Sonnengeflechtschakra hat zehn Blütenblätter. Darauf stehen zehn weitere Buchstaben des Sanskrit-Alphabets. Manipura hat vier Blätter mehr als das Polaritätschakra und nur zwei weniger als das Herzchakra. Wie gesagt: Die Chakren, die sich nur durch zwei Blütenblätter unterscheiden, sind näher beieinander. So wie das Polaritätschakra die Entfaltung und Ergänzung des Wurzelchakras ist, so findet das Sonnengeflechtschakra seine Erfüllung im Herzchakra.

Das Schaubild des Sonnengeflechtschakras hat in der Mitte den Buchstaben RA (RAM), der für Feuer steht. Manipura ist das Feuerzentrum. Es ist das dritte Chakra. Die Drei ist die Zahl der Bewegung. Sie ist betont durch das Dreieck in der Mitte. Die Bewegung wird auch ausgedrückt durch drei T-förmige Gebilde an den Seiten des Dreiecks. Sie symbolisieren ein linksläufiges und ein rechtsläufiges Sonnenrad, d.h. ein Sonnenrad, das sich sowohl nach rechts als auch nach links dreht.

Dazu der Traum eines 50-jährigen gepflegten Mannes:»Ich begegne auf der Straße einer schmuddeligen Gestalt in schmutzigen Kleidern und finsterem Aussehen. Ich reagiere mit Verachtung und flüchte in mein Haus. Kaum habe ich die Tür hinter mir geschlossen, beginnt sich das Haus zu drehen – links herum – rechts herum – links herum – rechts herum – immer im Wechsel. Als es schließlich zum Stillstand kommt, schaue ich vorsichtig aus dem Fenster. Ich sehe, dass der schmuddelige Mann vor der Tür meines Hauses steht. Er hat jetzt meine Gesichtszüge und sieht gar nicht mehr so finster aus.«

C.G. Jung gibt dem Manipura-Symbol eine eigenwillige Deutung. Er sagt, die drei T kämen ihm vor wie die Henkel eines dreieckigen Kochtopfes (Er bringt diesen mit dem Kochtopf der Alchemie in Verbindung.):»Das Manipura-Feuer ist eine Art Küche, so wie der Magen die Küche des Leibes ist, wo mit dem Blut geheizt wird und wo die Speisen zubereitet werden. Man kann sagen, dass das Kochen einen Teil der Verdauung vorwegnimmt.«[32]

Das Manipura-Chakra ist das letzte Chakra unter dem Zwerchfell (Diaphragma). In Indien wird das Zwerchfell mit der Erdoberfläche verglichen. Die Chakren unter dem Zwerchfell gelten als die »unteren« Chakren.

Das Tier des Manipura-Symbols ist der Widder, der diesem Chakra zugeordnet ist. Der Widder ist mit dem Feuer verbunden. Er gehört in Indien zum Feuergott Agni. In der Astrologie ist der Widder ebenfalls ein Feuerzeichen. Widder und Feuer weisen auf den Opferkult hin, der uns auch im Alten Testament begegnet. Opfer bedeutet, töten, um zu leben. Ein Opfertier (der Widder war ein sehr häufiges Opfertier) wird getötet, damit die Opfernden leben können. Der Gedanke der Stellvertretung ist darin enthalten und das Wissen darum, dass Leben den Tod voraussetzt. Deshalb gehört zu diesem Chakra das In-den-Tod-Gehen und das Wiederauferstehen. Nach indischer Deutung bewirkt die Meditation dieses Chakras, die Macht zu vernichten und neu zu erschaffen.[33] Die Linksdrehung des Sonnenrades bedeutet »in den Tod gehen«. Die Rechtsdrehung bedeutet »in das Leben gehen«.

Energie erzeugen

Im Feuerzentrum Manipura wird Energie erzeugt. Während wir durch die anderen Chakren Energie von außen aufnehmen, wird im Sonnengeflechtschakra zusätzlich auch noch direkt Energie erzeugt. Das wurde besonders in Tibet betont, wo die Energie, die im Sonnengeflechtschakra erzeugt wird, besondere Beachtung fand. In einem tibetanischen Text wird berichtet: Die Schüler sitzen nackt im Lotossitz. Leintücher werden in eisiges Wasser getaucht. Jeder der Männer wickelt sich in ein nasses Tuch ein und muss es am eigenen Körper trocknen. Sobald das Tuch trocken ist, wird es wieder ins Wasser getaucht und erneut getrocknet. Dieser Vorgang wiederholt sich die ganze Nacht hindurch bis zum Tagesanbruch. Derjenige, der die meisten Leintücher an seinem Körper getrocknet hat, wird als Sieger des Wettbewerbs geehrt. Es wird berichtet, dass ein Tibetaner namens Arepa einmal einen ganzen Winter lang in einer Höhle überwintert hat, indem er sich nur durch die eigene Sonnengeflechtswärme erwärmte, was ihm das Überleben ermöglicht hat. Die Erfahrung, dass das Sonnengeflechtschakra »heizen« kann, können wir auch beim Autogenen Training machen. Wenn wir imaginieren, dass die Stirn kühl und das Sonnengeflecht warm wird, können wir erleben, dass im Manipura durch diese Imagination deutlich spürbar Wärme erzeugt wird.

Durch Visualisierung können wir auch vom Sonnengeflecht aus Energieströme zu kranken Stellen in unserem Körper leiten und damit den Heilungsprozess unterstützen.

Das Sonnengeflechtschakra ist der Sitz der Gefühle. Da geht es oft »heiß« her (z.B. sagen wir:»Ich habe eine Wut im *Bauch* – ich *koche* vor Wut.« Auch die Liebe kann *heiß* sein und wie *Feuer* brennen). Wenn jemand seine Gefühle verdrängt, dann schlägt ihm das auf den *Magen*, was zu verschiedenen Krankheiten führen kann. Jung schreibt:»Das Feuerzentrum ist das Zentrum der Leidenschaft und des Enthusiasmus. Es ist im Unterleib und ist vorpsychologisch. Alles, was ›Geist‹ oder ›Seele‹ genannt werden kann, hat seinen Ursprung in einer Art von Feuer auf dieser vorpsychologischen Ebene. Bewusstheit hat ihren Ursprung in Leidenschaft ... Das Unbewusste hat keine Möglichkeit in das Bewusstsein zu gelangen, wenn nicht das Bewusstsein ein Loch für das Unbewusste macht, durch das es hindurch kommen kann ... Das Feuer des Manipura hat heilende Wirkung, denn Dinge, die getrennt und gegensätzlich waren, werden zusammengeschweißt. Es ist ein Schmelzfeuer, ähnlich wie der alchemistische Topf, in dem Substanzen gemischt und zusammengeschmolzen werden.«[34] Das ist die eigentliche Bedeutung des Sonnengeflechtschakras im Blick auf den Individuationsprozess: Das vorher Getrennte, die Schatten, die projiziert worden sind, werden mit dem Ego zusammengebracht. Es geschieht eine »conjunctio oppositorum«, eine Vereinigung der Gegensätze.

Hierzu ein Beispiel. Eine 47-jährige Frau berichtet: »Nachdem ich in der letzten Zeit wieder das mir wohl vertraute Seelenweh hatte, verspürte ich gestern in der Magengegend einen starken Schmerz, so als ob ein Feuer brennen würde. Ich war auf dem Weg zu einer Teamsitzung und war den Frauen des Teams gegenüber sehr empfindlich. Ich dachte, Hanna und Beate haben sich gegen mich verbündet. Erna ist zurückhaltend und unklar, dies empfinde ich als gegen mich gerichtet. Ich denke, sie hat etwas gegen mich. Frau Conrad rechtfertigt sich, was ich als Angriff gegen mich empfinde. Ich denke, auch Lore wird mich nicht unterstützen. Ich habe auch die Phantasie, dass alle denken, dass ich bestimmt nicht zum Vereinsabend kommen werde. Alle sind gegen mich, auch Berta und Susanne reden gegen mich. Das Feuer in mir wurde jetzt so stark, dass ich es bildhaft vor mir sah. Ich sah, dass ein goldgelber Kupferkessel über dem Feuer hing. In diesem Kessel sind all die Gestalten, von denen ich mich in der Außenwelt angegriffen fühle. Sie sind im Kessel über dem Feuer. Ich erkenne, es sind meine inneren Gestalten, die gekocht werden. Frau Conrad, die sich rechtfertigt. Erna, die sich so rar macht und immer gekränkt ist. Beate, die Dinge behauptet, die sie gar nicht richtig weiß. Hanna, die sich backfischhaft mit ihr verbündet. Berta und

Susanne, die so viel schimpfen. Ja, das sind Gestalten in mir, die ich gut kenne.«[35]

Projektionen zurücknehmen – Den Gegenpol heimholen

Im Sonnengeflechtschakra geht es also um die Integration der im Polaritätschakra aufgetauchten Gegenpole. Ich erkenne, dass mein Schatten zu mir gehört. Das ist im Polaritätschakra noch nicht der Fall. Im Polaritätschakra wehren wir den Schatten ab und projizieren ihn auf andere. Aber indem wir projizieren, verleihen wir dem Gegenpol Emotionen. Wir reagieren emotional auf den anderen, und das ist ganz wichtig. Deshalb ist Projektion notwendig und kann nicht übersprungen werden. Wir heizen dadurch etwas, das in uns ist, auf, sodass es nachher gekocht werden kann. Indem Projektionen Emotionen hervorrufen, sind sie nicht mehr Kopf-»Erkenntnisse« (»Ach so, das ist ja nur eine Projektion!«), sondern ich ärgere mich bis aufs Blut über Menschen, auf die ich projiziere. Das ist ganz wichtig. Nur was im Polaritätschakra emotional erlebt worden ist, kann im Sonnengeflecht gekocht und verarbeitet werden.

Im Sonnengeflechtschakra geht es um die Rücknahme der Projektionen, d.h. es geht um die Heimholung des Gegenpols. Der Gegenpol ist ja in der Regel nicht »schlecht«, sondern nur einseitig. Indem wir ihn heimholen, befreien wir ihn von seiner Einseitigkeit. Oft wird er dann zu purem Gold. Er wird zu etwas, was unser Leben bereichern und verschönern kann. Es geht darum, dass ich die Eigenschaften, die ich als negativ beurteile, anschaue, als zu mir gehörig erkenne und heimhole. Dann wird ein Stück Ganzheit in meiner Seele realisiert. Das, was ich vorher abgespalten habe, wird integriert. Außerdem werde ich den Menschen gegenüber, auf die ich projiziert habe, ein Stück weit barmherziger. Denn wenn ich das in mir entdecke, was ich vorher an anderen verurteilt habe, dann kann ich die anderen nicht mehr im gleichen Maße verurteilen, wie ich das vorher getan habe, wo ich meinte, dass die abgelehnten Eigenschaften nur beim anderen seien und nicht bei mir. Das gilt auch für die positive Projektion. Wenn ich einen Menschen bewundere und »positive« Eigenschaften bei ihm entdecke, von denen ich meine, ich hätte sie nicht, dann hat das eine wichtige Funktion, weil dadurch in mir etwas belebt wird, was vorher nicht belebt worden ist. Die Rücknahme einer positiven Projektion bedeutet, dass mein Selbstwertgefühl gestärkt wird und dass ich den anderen vor Überschätzung bewahre.

Bei der Rücknahme einer Projektion geht es darum, dass aus zwei Einseitigkeiten (»Polarisierung«) eine Ganzheit (»Polarität«) entsteht. Ich möchte dies an einigen Beispielen verdeutlichen: Wenn zum Beispiel ein Mensch tollkühn ist, dann liegt es nahe, dass er feige Menschen verachtet, die sich nicht trauen, bestimmte Dinge zu tun, die er tut, d.h. er projiziert seine Feigheit auf andere. Er springt vielleicht an einem Gummiseil eine Brücke hinunter. Ein anderer traut sich nicht und er verachtet ihn als Feigling. Im Grunde genommen verachtet er jedoch seine eigene Feigheit und projiziert sie auf einen anderen. Denn wenn jemand in einem besonderen Maße tollkühn ist, dann ist diese Tollkühnheit in der Regel eine Abwehr seiner eigenen Feigheit, die auch in ihm steckt. Wenn er nun die Projektion zurücknimmt und seine innere Feigheit erkennt, dann entsteht aus den beiden Extremen »Tollkühnheit« und »Feigheit« eine Tugend, nämlich die Tapferkeit. Ein »Tapferer« kann sich auch tollkühn verhalten, wenn es zum Beispiel gilt, einen Menschen zu retten. Er tut dann etwas, was er normalerweise nicht tun würde. Ein »Tapferer« kann sich aber auch »feige« (im Urteil des »Tollkühnen«) verhalten, wenn er es vermeidet, sich unnötig in Gefahr zu begeben. Die Tapferkeit hält beide Pole zusammen.

Ähnlich ist es beim Geiz. Der Geizige verachtet in der Regel den Verschwender (und der Verschwender verachtet den Geizigen!). Und warum ist ein Mensch geizig? Weil er Angst hat vor seiner eigenen Verschwendungssucht, die tief in seiner Seele sitzt. Und umgekehrt: Der Verschwender bekämpft den Geiz, der ebenfalls in ihm ist. Wenn ich die Verschwendungssucht und den Geiz zusammenbringe, dann resultiert daraus der rechte Umgang mit Geld. Dann kann ich, wenn es nötig ist, Geld ausgeben und freigiebig sein; ich kann aber auch sparen und das Geld zusammenhalten.

Das Zusammenbringen der Pole gilt für viele Dinge, z.B. auch für die Thematik »Nähe und Distanz«. Die einen haben eine zu große Nähe, sie haben keinen »Vorgarten« und möchten alle umschlingen, während andere zu viel Abstand wahren. Wenn man beide Pole zusammenbringt, kommt es zum rechten Verhältnis zwischen Nähe und Distanz.[36]

Zusammenbringen der Pole bedeutet weiterhin, die Anliegen der Umwelt ernst zu nehmen (die in der »Persona« einseitig ernst genommen werden) und auch die Anliegen unserer eigenen Psyche. Individuation ist die Mitte zwischen Kollektivismus und Individualismus. Sowohl die Ansprüche und Rechte des Kollektivs werden ernst genommen als auch die Ansprüche und Rechte des Individuums. Dagegen werden die Einseitigkeiten, die sich im Kollektivismus und im Individualismus zeigen, vermieden.

Was Integration des Schattens bedeutet, wird auch deutlich an einem Bild, das C.G. Jung veröffentlicht hat. Die Frau steht jetzt nicht mehr – wie im ersten Bild[37] – hell im Licht »über« der Dunkelheit, sondern im Laufe ihres Selbstwerdungsprozesses hat sich etwas in ihr verändert:[38]

Jung schreibt dazu: »Die Frau ist jetzt in sitzender Stellung, was eine Verschiebung nach unten bedeutet. Vorher war sie ja ganz nach oben ausgerichtet. Die schwarze Erde, die im vorigen Bild weit unter ihren Füßen lag, befindet sich jetzt in ihrem Leib als schwarze Kugel. Und zwar in der Nähe des Manipura, welches mit dem Sonnengeflecht koinzidiert. Das will so viel heißen, dass das dunkle Prinzip bzw. der Schatten integriert wurde und jetzt als eine Art Zentrum im Leib empfunden wird.«[39] Dass der Baum von vielen Vögeln umflattert ist, bedeutet, dass wir uns hier bereits im Übergang zum Herzchakra befinden, dem die Luft und somit die Vögel zugeordnet sind[40]. Auch die Äste, die vorher als dünne Zweige aus der Frau herausgewachsen sind, sind jetzt schon wesentlich stärker entfaltet. Und der Regenbogen als Symbol der Ganzwerdung ist nicht mehr weit über der Frau, sondern in ihr. Jene Frau hat offensichtlich ihre Projektionen zurückgenommen und das Dunkel in sich selber entdeckt.

Nun gibt es aber zwei Einschränkungen bei der Rücknahme der Projektionen. Zunächst eine quantitative Einschränkung: Man kann nicht alles integrieren. Es gibt negative Dinge, die man zwar erschreckend an anderen wie in einem Spiegel erkennen kann (z.B. im Fernsehen und in der Zeitung), z.B. einen Mörderschatten oder einen extremen Sadistenschatten. Es gibt Persönlichkeitsaspekte, die wir als zu uns gehörig erkennen können, aber wir dürfen sie nicht leben. Es gibt Dinge, die nicht gelebt werden dürfen.

Aber was macht man, wenn man eine solche Wut gegen einen Menschen hat, dass man ihn am liebsten umbringen möchte? *Eine* Möglichkeit ist, diese Wut in einem Brief auszudrücken. Wichtig ist jedoch, dass dieser Brief nicht abgeschickt wird. Man soll alles schreiben, aber den Brief nicht abschicken. Man kann auch an Personen, die bereits gestorben sind (z.B. Eltern), solche Briefe schreiben. Es ist gut, wenn wir das Aufgeschriebene dann (vielleicht in einem Ritual) dem Feuer übergeben. Das Feuer hat verwandelnde Kraft. Wir können Schattengestalten auch modellieren oder malen. So können wir zum Beispiel einen Mörder- oder Sadistenschatten ernst nehmen, ohne dass wir ihn ausleben. Eine zweite Einschränkung: Zum Integrieren braucht es ein starkes Ich. Ein Mensch mit einem schwachen Ich wird sich – zu Recht – gegen zu viel Schattenerkenntnis und gegen zu viel Schattenintegration wehren, denn er fühlt sich ohnehin schon schlecht und unwert. Wenn dann auch noch etwas auf ihn geladen wird, was er nicht ertragen kann, kann dies Schaden in seiner Psyche anrichten. C.G. Jung vergleicht unser Bewusstsein mit einem Boot, das auf dem Meer des Unbewussten schwimmt. Im Boot sitzt ein Mensch, der fischt. Jung sagt nun, dass dieser Mensch nicht mehr Fische (d.h. unbewusste Inhalte) aus der Tiefe holen und in sein Boot laden darf, als das Boot zu tragen vermag, sonst versinkt es[41]. Das ist ein ganz wichtiger Aspekt. Es geht also nicht darum, *keine* Fische in das Boot aufzunehmen, sondern nicht *mehr* Fische, als das Boot zu tragen vermag. Wenn ein Mensch genötigt wird, mehr »negative« Persönlichkeitsanteile zu integrieren als er aufnehmen kann, dann kann es sein, dass er »versinkt« und ernsthaft krank wird.

Bei der Integration einer positiven Projektion besteht bei einem schwachen Ego die Gefahr einer Inflation, die ebenfalls gefährlich ist. Menschen identifizieren sich dann mit einem Idol und meinen gar, sie seien eine Göttin oder ein Gott.

Menschen, die zum Abheben neigen, brauchen einen entsprechenden Ballast, um sie auf der Erde festzuhalten. So sagt z. B. der Apostel Paulus:» Damit ich mich wegen der hohen Offenbarung nicht überhebe, ist mir ein Stachel für das Fleisch gegeben.«[42] Auch der Apostel Petrus, dem eine hohe Aufgabe anvertraut war, hatte einen solchen Stachel, nämlich einen dunklen Punkt in seiner Biographie: Er hat Jesus verleugnet. Das hing im lebenslang an. Ja, bis heute ist er der Petrus, der Jesus verleugnet hat. Die Verleugnung war wichtig für Petrus, denn nur so konnte er zu dem werden, was er auch noch war.[43] Er brauchte den Ballast. Andere Menschen dagegen, die eher Minderwertigkeitsgefühle haben, müssen lernen, sich selber zu vergeben und ein entsprechendes Selbstwertgefühl entwickeln. All das gehört zum Manipura-Prozess.

Zum Sonnengeflechtschakra gehört schließlich auch noch die Integration des gegengeschlechtlichen Pols, also das, was Jung »Anima« und »Animus« nennt. Der verdrängte gegengeschlechtliche Pol begegnet uns in Träumen in entsprechenden positiven oder negativen Gestalten des anderen Geschlechts und kann so wahrgenommen und integriert werden. Bei der verdrängten *Anima* kann es geschehen, dass wir einem »Anima-drive« verfallen, d.h. einem emotionalen, unüberlegten Handeln, das manische Züge annehmen kann. Zum *Animus* schreibt Jung: »Die weibliche Psychologie weist ein Gegenstück zur Anima des Mannes auf, das primär nicht affektiver Natur ist, sondern ein quasi intellektuelles Wesen, welches mit dem Wort Vorurteil am allerpassendsten charakterisiert ist.«[44] Obwohl nach neueren Erkenntnissen der Analytischen Psychologie Männer und Frauen sowohl einen Animus als auch eine Anima haben, reden wir, wenn wir vom *gegen*geschlechtlichen Pol sprechen, von der Anima des Mannes und vom Animus der Frau.

Bei der Anima unterscheidet Jung vier Entwicklungsstufen: die *mythologische* Stufe, z.B. Eva, Bild einer rein biologischen Bezogenheit; die *romantisch-ästhetische* Stufe, z.B. Helena, wie sie in Goethes Faust auftritt; die *vergeistigte* Stufe, z.B. die Jungfrau Maria; und die *symbolische* Stufe, z.B. die Sofia[45]. M. L. von Franz unterscheidet entsprechend vier Stufen des Animus: das Idol der *physischen* Kraft (z.B. Sportler), das Idol von *Initiative und Tatkraft* (z.B. Forscher, Erfinder, Ärzte), das Idol der *wortgewaltigen, geistigen* Größen (z.B. Professoren, Ärzte und Pfarrer) und das der *Vermittler von Sinn* und von inneren, religiösen Erfahrungen (z.B. Gurus und Seelenführer)[46].

Manipura ist das Chakra, das in jedem Selbstwerdungsprozess eine besondere Rolle spielt. Manipura kennzeichnet einen langwierigen Prozess, in dem es ein ständiges »Auf und Ab« und »Hin und Her« gibt, bis schließlich die Talsohle durchschritten ist und Neues aufbricht[47].

Eine Körperübung zum Sonnengeflechtschakra als Gedächtnisstütze und zur »Einverleibung«

○ *Wir schwingen beide Arme nach links und nach rechts, nach links und nach rechts, dabei denken oder sprechen wir: »Ich verbinde die rechte Seite mit der linken Seite, das Obere mit dem Unteren, den Geist mit der Materie, den Himmel mit der Erde, meine weibliche Seite mit meiner männlichen Seite, usw.«.*

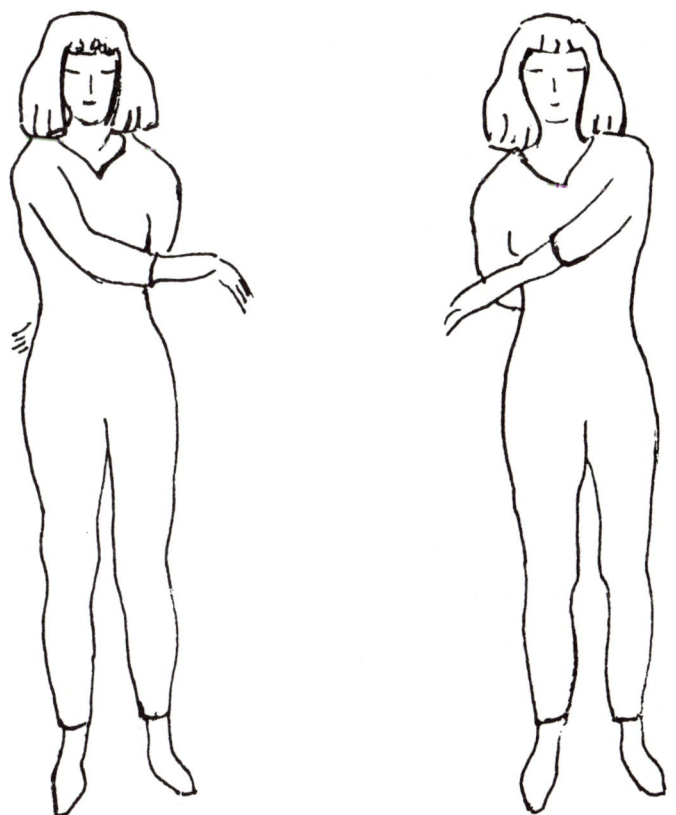

○ *Wir machen diese Übung so lange, wie es für uns stimmt.*

Das Herzchakra – Anahata

Das Symbol des Herzchakras

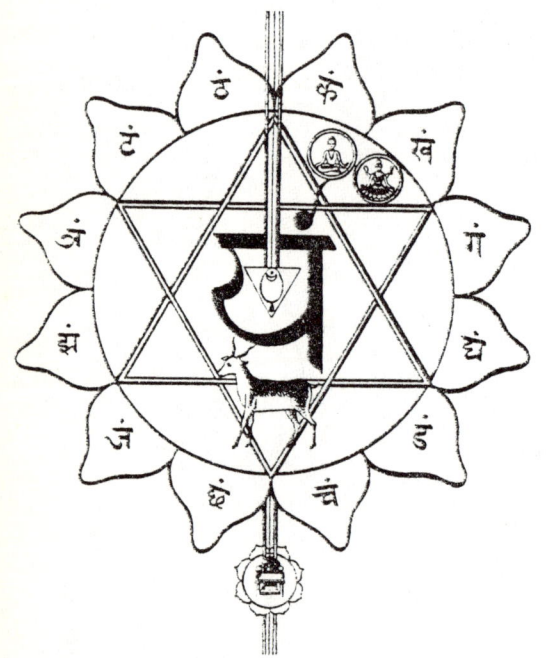

Der Sanskrit-Name des Herzchakras lautet »Anahata«. Anahata bedeutet ungeschlagen. Wir erkennen hier noch einmal die Verwandtschaft der europäischen Sprachen mit dem Sanskrit. So ist zum Beispiel ein An-Alphabet ein *Nicht*-Alphabet. In gleicher Weise ist An-ahata etwas, was *nicht* geschlagen ist. Nach indischer Vorstellung geht es bei diesem Chakra um eine Vibration, die nicht durch äußere Einwirkung (»Schläge«) entsteht, sondern um eine Ur-Vibration. Diese Vibration kommt nach indischem Verständnis von Gott, der selber »die nicht geborene und die nicht sterbende, ewige Vibration ist«[48]. Diese »göttliche« Vibration ist die Energie, die die Elementarteilchen setzt, aus denen die Materie besteht. Wir können die nicht-geschlagene Vibration mit dem Urlicht vergleichen, von dem am Anfang der Bibel die Rede ist: »Gott sprach, es werde Licht, und es

70

war Licht.«[49] Dieses Urlicht hat nichts mit dem Licht der Himmelskörper zu tun, die erst am vierten Tag erschaffen worden sind, sondern es ist ein Licht, das unabhängig ist von äußeren Lichtkörpern. Es ist das Licht, das wir auch in unseren Träumen sehen. Wenn alles dunkel ist, wenn wir die Augen geschlossen haben, sehen wir in unseren Träumen trotzdem hell wie am Tag. Es ist ein inneres Licht, ein Urlicht.

Jung sagt, dass sich im Herzchakra ein erstes Aufblitzen des Selbst ereignet. Wir treten also heraus aus der rein materiellen, vordergründigen Welt – hinein in die hintergründige Welt. Es kommt etwas Neues. Nun ist es interessant, dass sich zwischen dem Sonnengeflechtschakra und dem Herzchakra noch ein weiteres kleines Chakra befindet (unter dem Herzchakra-Schaubild), das nicht zu den sieben Hauptchakren gehört, sondern gleichsam eine Zugabe ist.

Es ist der »Wunschbaum«. Dahinter steht folgende Vorstellung: Wenn ein Mensch die ersten drei Chakren durchlebt hat, wenn er im Wurzelchakra den Bereich der Alltags-Wirklichkeit ernst genommen hat und immer wieder ernst nimmt, wenn er im Polaritätschakra dem Schatten und der Projektion begegnet ist, und wenn er im Manipura die Projektionen zurückgenommen und die Pole miteinander in Verbindung gebracht hat, wenn also aus einer einseitigen Polarisierung eine dynamische Polarität entstanden ist, dann ist dieser Mensch so weit gekommen, dass sich seine Herzenswünsche erfüllen, d.h. Wünsche, die nicht mehr von Schattenaspekten infiziert sind.

In einem Sanskrit-Kommentar heißt es: »Der göttliche Wunschbaum verleiht mehr, als sich je ein Wunsch erdenkt.« Dahinter steckt die tiefe Weisheit, dass Herzenswünsche anders sind als das, was wir mit unserem Bewusstsein wünschen können. Wenn ein Mensch Manipura durchschritten hat, treten überhaupt erst seine Herzenswünsche zutage, die vorher durch Ego-Wünsche und Projektionen verdeckt waren. Vorher kann ein Mensch gar nicht wissen, was er eigentlich will. Die Kopfwünsche werden nicht erfüllt, denn sie erfüllen uns nicht, weil sie nicht unsere eigentlichen Wünsche sind. Die Herzenswünsche steigen auf, wenn der Gegenpol nicht mehr da ist, der sich ihnen entgegenstellt. Der nicht integrierte Gegenpol unterdrückt ja das, was wir eigentlich wollen. Schon in den Psalmen steht das Wort: »Habe Lust an deinem Gott, der wird dir geben, was dein *Herz* sich wünscht.«[50]

Im Anahata-Chakrensymbol begegnen uns zwölf Blütenblätter – also zwei mehr als im Manipura. Manipura und Anahata gehören zusammen, denn der Friede des Herzchakras ist das Ziel der Bewegung im Sonnengeflechtschakra. Die zwölf Blütenblätter des Anahata-Symbols sind Symbol des »Friedens«, der keine statische, sondern eine dynamische Ruhe ist. Die Zwölf ist vier mal drei, d.h. Ruhe (vier) und Bewegung (drei) kommen zusammen. Das Herzchakra ist also Bewegung und Ruhe zugleich. Dies wird auch durch den sechsstrahligen Stern ausgedrückt, der das Symbol für das Herzchakra ist. Dieser Stern wird häufig als »Davidstern« bezeichnet. Er hat aber mit David nichts zu tun. Im Judentum taucht er erstmals im 14. Jahrhundert n. Chr. auf und zwar auf einem jüdischen Grabstein in Böhmen. Das Symbol selbst kommt aber nicht aus dem Judentum. Als Chakrensymbol ist dieser Stern viel älter. Er kommt auch als alemannisches Wappensymbol vor.[51] Der so genannte Davidstern ist also ein allgemein menschliches, tiefsinniges Symbol.

Dieser sechsstrahlige Stern ist zusammengesetzt aus einem weiblichen und einem männlichen Dreieck. Das männliche Dreieck ist nach oben gerichtet. (Es ist übrigens das einzige männliche Dreieck, das in der Chakren-Symbolik vorkommt.)

Das weibliche Dreieck ist nach unten gerichtet. Hier kommen das Unten und das Oben zusammen. Es ist die dynamische Bewegung von unten nach oben und von oben nach unten. Die Bewegung von unten nach oben erinnert an das Loch, das von der bewussten Ebene zum Unbewussten hindurch gebohrt wird, damit eine Vereinigung von Bewusstem und Unbewusstem erfolgen kann.[52] Der Stern ist Ruhe und Bewegung zugleich. Durch die beiden *Dreiecke* wird die Bewegung ausgedrückt, in seiner Gesamtheit drückt der Stern jedoch Ruhe aus. Im Thomas-Evangelium wird Gott beschrieben als Ruhe und Bewegung.[53] Der Sechsstern ist somit Symbol des Friedens, dessen Wesen dynamische Ruhe ist.[54]

Der Buchstabe in der Mitte des Anahata-Schaubilds heißt Yam und bedeutet Luft. Jung sagt:»Im Herzchakra geschieht das Aufblitzen des Selbst, was etwas völlig anderes ist als das, was wir sind. Das Ego ist nur ein kleines Anhängsel an das Selbst. Das Ego bleibt immer im Wurzelchakra.«[55] Als Zentrum des Bewusstseins bleibt das Ego dort verhaftet. Doch beim Aufstieg zum vierten Chakra entdeckt es plötzlich das Selbst. »Wenn das Selbst uns steuert, dann sind wir gleichsam wie Fremde«[56], d.h. wir spüren hier etwas anderes, uns Unbekanntes, das Bewusstsein und Unbewusstes miteinander verbindet.

Das Tier im Herzchakra ist die Antilope. Die Antilope ist Symbol der Luft, die mit der Erde verbunden ist. Wenn eine Antilopenherde flieht, dann fliegt sie geradezu. Eine Antilope kann bis zu zehn Meter weit und bis zu drei Meter hoch springen. Es ist also fast ein Lufttier, aber sie muss immer wieder auf die Erde zurückkommen. Das Tier trägt somit die Symbolik der Verbindung von unten und oben in sich – auch durch das Gehörn, das nach oben, und durch die Läufe, die nach unten gerichtet sind. Wie »hoch« wir auch immer in der

Chakrenleiter aufsteigen, immer gilt es, den Boden unter den Füßen nicht zu verlieren.

Was heißt das psychologisch? Jung schreibt dazu: »Wir erreichen einen Zustand, in dem wir gleichsam über die Erde emporgehoben werden ... Es ist der Zustand, in dem wir über dem Talgewitter stehen. Es ist keine Identifikation mehr mit den Emotionen, sondern die Emotionen werden gleichsam von oben betrachtet. Im Anahata *hat* man Emotionen, im Manipura *ist* man Emotion.«[57] Nach der Meinung von C.G. Jung leben die Naturvölker im Manipura-Zustand, sie brauchen deshalb Rituale. Denn Rituale verhindern, dass die Emotionen in Mord und Totschlag ausarten. In manchen Teilen der Welt, wo diese Rituale nicht mehr da sind, gibt es noch heute Dauerkriege, weil noch keine Weiterentwicklung zum Anahata stattgefunden hat. Indem wir die Emotionen des Manipura als zu uns gehörig annehmen und zu einer dynamischen Polarität verbinden, gelingt es uns, darüber zu stehen. Das Talgewitter des Manipura ist zwar noch da, aber im Anahata stehen wir darüber.

Ein Beispiel für den Übergang vom Sonnengeflechtschakra zum Herzchakra habe ich in meinem Vaterunser-Buch veröffentlicht[58]. Ich berichte dort vom Traum eines Mannes, der am Ende einer langen Manipura-Phase träumt, dass er im 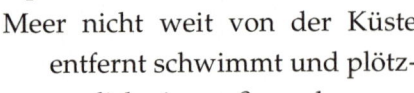 Meer nicht weit von der Küste entfernt schwimmt und plötzlich ein großes, schwarzes Tier vor sich sieht, das mit seinen langen Fangarmen nach ihm greift.

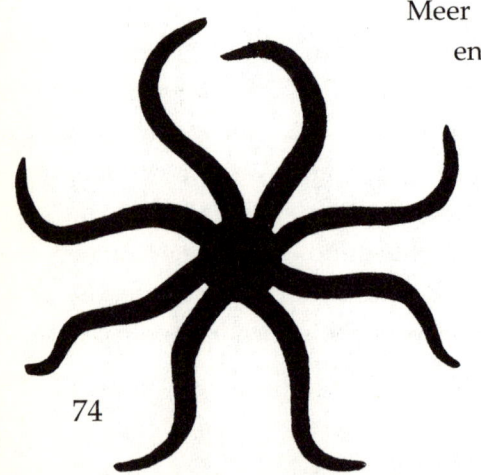

74

Er versucht, dem Tier zu ent-
kommen, indem er rückwärts
davonschwimmt und
gleichzeitig mit den
Handrücken Wellenbe-
wegungen gegen das
Tier hin macht, um es zu
vertreiben. Wenig später
schaut er wieder auf und
sieht zu seinem Erstaunen,
dass das bedrohliche Tier sich
in ein Mandala verwandelt hat, das
langsam und ruhig, fast feierlich auf ihn zuschwimmt.

Freudiges Erstaunen, verbunden mit einem numinosen Gefühl durchdringt ihn. Die Gestalt des Mandalas ist so klar, dass er sie während des Aufwachens noch genau vor sich sieht und nachzeichnen kann.

Aufgrund dieses Traumes erkannte jener Mann, dass die Widerwärtigkeiten und Bedrohungen in seinem Leben letztlich der Ganzwerdung dienen.

Die im Herzchakra erfahrene »Ganzheit« ist das Ergebnis eines Prozesses, der im Manipura stattfindet. Natürlich geht es dabei immer nur um eine partielle Ganzwerdung, um eine Rast auf dem Wege. Jung befasst sich in den Visions-Seminaren immer wieder mit den Übergängen von einem Chakra ins andere, besonders auch mit der Beziehung zwischen Manipura und Anahata. So schreibt er zum Beispiel: »Auf jeder Bewusstseinsebene wiederholt sich das alte Mysterium von Licht und Angriffen der Finsternis. Denn eine neue Ebene bedeutet Vermehrung des Lichtes. Und diese kleine Vermehrung des Lichtes kann angegriffen werden durch die relative Dunkelheit des vorausgehenden Status.«[59] So gilt: »Wenn man den Bereich des Manipura verlässt – der eine niedrigere Ebene ist – und zur höheren Ebene über dem Diaphragma, zum Anahata emporsteigt, dann ist Manipura trotz der Tatsache, dass es eine scheinende Sonne ist, Dunkelheit im Vergleich zu dem seltsam neuen Licht von Anahata.«[60]

Während Jung auf der einen Seite die Gefahr betont, dass wir beim Abstieg in eine bereits durchlebte Bewusstseinsebene von dieser verschlungen und verletzt werden können, betont er auf der anderen Seite, dass es auch eine bewusste Rückkehr in einen früheren Zustand gibt, eine Rückkehr, die ich »Progressive Regression«[61] nenne, und die bei Neofreudianern als eine »Regression im Dienste des Ich« bezeichnet wird[62]. Eine solche bewusste Rückkehr kann ein »reculer pour mieux sauter« bedeuten, ein Rückwärtsgehen, um einen Anlauf für einen Sprung nach vorne zu nehmen. Ein solche Regression geschieht auch in unseren Träumen. Von einer solchen bewussten Regression meint Jung: »Man kann ins bodenlose Wasser hinabsteigen und geheilt werden. Denn das Taufwasser ist der Uterus resurectionis (= der Mutterleib der Auferstehung), in dem wir wieder heil werden. Oder man kann auch ins Feuer gehen. Deshalb sagt Johannes, der Täufer, von Jesus: ›Er wird euch mit dem heiligen Geist und mit Feuer taufen.‹ Die beiden Formen der Taufe beziehen sich auf die beiden unteren Zentren. Man kann also im Feuer heil gemacht werden oder im Wasser. Aber das Wasser ist noch besser, weil es weiter unten ist. Tiefer kann man nicht hinabsteigen, denn dann würde man in die Erde geraten und wäre praktisch tot. Aber der bildliche Tod im Wasser und der Tod oder die Verwundung im Feuer bedeuten Wiedergeburt. Wenn wir in einen Zustand zurückkehren, in dem noch kein Ich-Bewusstsein ist, geschieht Regeneration.«[63]

Ich hatte einmal ein Gespräch mit einem Indianer-Shamanen. Er sagte zu mir: »Wenn ich vor einer schweren Entscheidung stehe, dann gehe ich bei Sonnenuntergang in die Sweatlodge. Dort bleibe ich die ganze Nacht über und gehe bei Sonnenaufgang wieder hinaus.« Was ist das, die Sweatlodge? Die Sweatlodge ist ein kleiner, igluähnlicher Rundbau, der den Mutterleib darstellt. In einer Sweatlodge ist es ganz dunkel und eng. In der Mitte ist ein kreisförmiger Bezirk, in den glühende Steine (»Feuer«) gelegt werden, bis es in der Sweatlodge schrecklich heiß wird. Auf diese glühenden Steine, die von einem Helfer von Zeit zu Zeit erneuert werden, wird immer wieder Wasser (»Wasser«) gesprengt, das sofort verdampft und auf dem nackten Körper des auf dem Erdboden (»Erde«) sitzenden Shamanen beißende Schmerzen verursacht. In der Sweatlodge kommt der Indianer mit dem mütterlichen Urgrund in Verbindung. Dort sucht seine Seele nach der rechten Antwort, und wenn er dann am Morgen aus der Sweatlodge hinausgeht (in die kühle »Luft«) – er tut dies instinktiv bei Sonnenaufgang – dann geht ihm auch innerlich die Sonne auf. Aus dem mütterlichen Urgrund hat er die Kraft zu einer rechten Entscheidung geholt.[64]

Das ist die Erfahrung des Herzchakras: Wir gewinnen aus der Erfahrung der Erde (Wurzelchakra), des Wassers (Polaritätschakra) und des Feuers (Sonnengeflechtschakra) einen neuen Standort über den Dingen (»Luft« = Herzchakra). Das, was uns vorher innerlich zerrissen hat, hat sich in die dynamische Ruhe des »Friedens« verwandelt.

Eine Körperübung zum Herzchakra als Gedächtnisstütze und zur »Einverleibung«

○ Wir stehen mit seitlich ausgestreckten Armen.

○ Dann strecken wir die Arme nach hinten, ohne die Ellenbogen zu biegen, sodass wir in den Schulterblättern einen Druck verspüren.

○ Wir biegen die Hände an den Handgelenken nach hinten, um auch in den Händen den Druck zu spüren.

○ Wir atmen ein und heben den Brustkorb nach oben und vorn. Dann bringen wir die Handflächen mit dem Ausatmen vor dem Körper zusammen, wobei die Arme weiterhin ausgestreckt bleiben. Wir wölben dabei den Rücken leicht nach hinten.

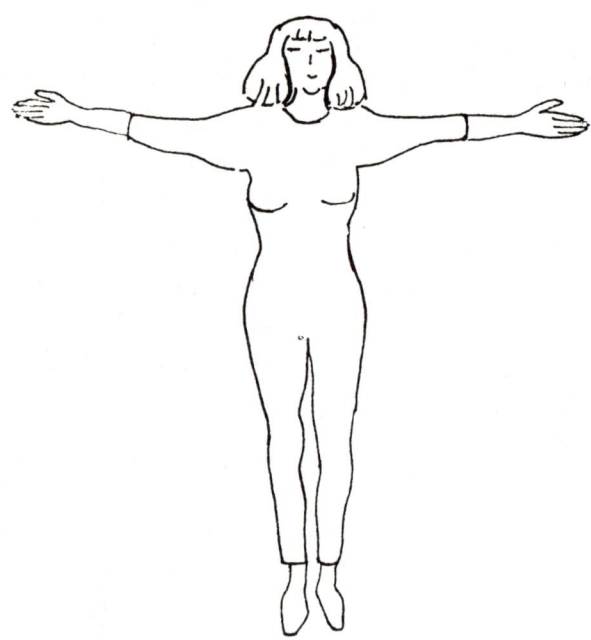

○ *Wir führen Arme und Hände mit dem Einatmen wieder nach hinten und mit dem Ausatmen wieder nach vorn.*

○ *Wir denken beim Einatmen:*
»Ich öffne mich für die Welt«

○ *Wir denken (oder sprechen) beim Ausatmen:*
»Ich bin ganz bei mir selbst«

○ *Wir können auch folgende Sätze denken oder sprechen:*
»Friede erfüllt mein Herz«
»Die Pole sind in mir vereint«
»Ich stehe über dem Talgewitter« usw.

○ *Wir wiederholen diese Übung so lange, wie es für uns stimmt.*

Das Halschakra – Vishuddhi

Das Symbol des Halschakras

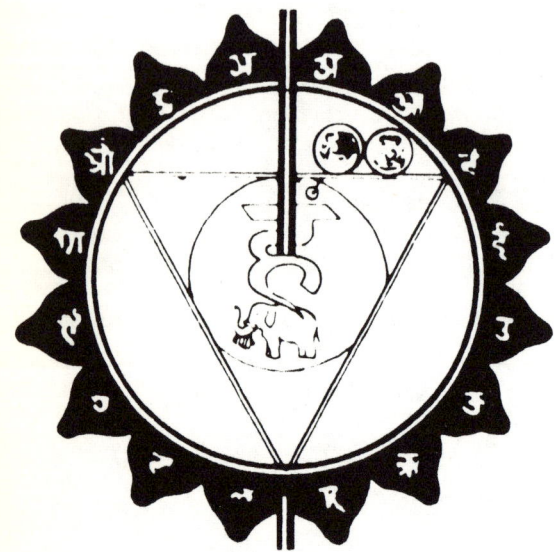

Dem Halschakra ist der Äther zugeordnet, der in der Antike als »fünftes« Element bekannt war, als »Quint«-Essenz. Der Äther bildet den Übergang zur geistigen Welt und hat mit der materiellen Welt direkt nichts mehr zu tun. »Er ist eine Materie, die keine Materie ist.«[65] Es ist der Stoff, aus dem die Engel bestehen.[66] Äther ist das die Welt überspannende Firmament[67], die das Firmament ausfüllende Substanz. Er ist aber auch die Substanz des Tones. In dieser Substanz leben die Töne oder aus ihr sind sie gebildet (Sphärenmusik und Engelsgesänge erinnern daran). Aus dieser Substanz ist auch unser Ohr gebildet. »Das Ohr ist der sthula-Ausdruck des Äthers, deshalb können wir Töne wahrnehmen, die Ausdruck derselben Substanz sind.«[68] Durch die »tuba auditiva« ist unser Ohr mit der Kehle, also mit dem Halschakra verbunden.

Bei den ersten vier Chakren sind alle Sanskrit-Konsonanten auf den Blütenblättern abgedruckt. Im Halschakra kommen die Vokale dazu. Es sind sechzehn Blütenblätter mit den sechzehn Sanskrit-Vokalen, zu denen zum Beispiel auch das »M« gehört, das von allein tönt und deshalb ein »Selbst«-Laut ist. Das Halschakra ist also ein volltönendes Chakra, in dem alle Vokale zusammenklingen. Im Chakren-Symbol sehen wir einen Kreis in einem weiblichen Dreieck. Es ist das einzige Chakra, in dem ein Kreis *im* Dreieck ist. Bei den anderen ist der Kreis immer nur außen um das Dreieck herum. Das bedeutet: Die göttliche Welt ist jetzt in uns. Sie begegnet uns nicht nur außen, sondern sie begegnet uns auch in uns selber. Das ist eine ganz wesentliche Aussage für die symbolische Bedeutung dieses Chakras.

Das Wesen eines Symbols besteht darin, dass uns im Irdischen das Himmlische begegnet. Diese hintergründige Realität – Jung nennt sie die »psychische Realität« – ist genauso wirklich wie die vordergründige, materielle Realität, die uns im Wurzelchakra begegnet. Dies wird dadurch ausgedrückt, dass der Elefant jetzt zum zweiten Mal auftaucht. Die sieben Rüssel zeigen, dass es auch hier um alle sieben Chakren geht. C.G. Jung schreibt zu diesem Elefanten: »Im Vishuddhi erscheint wieder der Elephant. Hier begegnet uns die Macht, die uns in der Welt unterstützt hat, die unüberwindliche, geheiligte Kraft des Tieres aufs Neue ... Die Produkte unseres Geistes sind also auch Wirklichkeit ... Es sind die Dinge, die im Vishuddhi der Elephant trägt und zur Wirklichkeit macht.«[69]

Elisabeth Haich hat mir als 95-jährige in ihr Buch »Einweihung« den Satz geschrieben: »Stelle dir vor die Wirklichkeiten, dann werden deine Vorstellungen zu Wirklichkeiten«. Das ist Vishuddhi. »Die psychischen Erfahrungen und nicht die Data der irdischen Wirklichkeit sind im Vishuddhi das Reale. Wenn es einem zum Beispiel vorkommt, man werde auf unbezwingliche Weise zum Handeln veranlasst oder ebenso zwingend daran gehindert, dann spürt man die Macht des Elephanten im Vishuddha.«[70] Der Elefant im Vishuddhi erinnert an das Daimonion des Sokrates, das vor falschen Wegen bewahrt[71], oder an den Geist Jesu, der Paulus daran hindert, falsche Wege zu gehen[72]. Für Jung ist also die Welt des Vishuddhi-Chakras die psychische Realität:»Die psychische Realität ist die einzige Realität, die es gibt. Die Materie ist nur eine dünne Haut um den Kosmos der psychischen Realität.«[73]

Was bedeutet das? – Alle psychischen Tatsachen haben nach Jung nichts mit der materiellen Welt zu tun. Wie oben erwähnt hat zum Beispiel der Ärger, den man über jemanden oder über etwas empfindet, nichts mit dieser Person oder mit dieser Sache zu tun, sondern er ist ein Phänomen für sich. *Ich* ärgere *mich*, das ist rein subjektiv.[74] Die Menschen, die uns in der Außenwelt begegnen, sind Exponenten unserer psychischen Verfassung.[75] Wir begegnen uns selber im Spiegel der Menschen und Dinge, die uns begegnen. Das ist das Wesen des Symbols, mit dem wir es im Vishuddhi-Chakra zu tun haben. Wenn ich im Symbol dem Hellen oder dem Dunklen begegne, dann begegne ich dem Hellen oder dem Dunkeln in mir. Wenn ich im Symbol dem Göttlichen begegne, dann begegne ich dem Göttlichen in mir.

Exkurs: Was ist ein Symbol?

Ein Symbol stellt das Innere äußerlich dar. Im Symbol begegnet uns im Vordergründigen das Hintergründige. So wie ich im anderen Menschen im Grunde genommen nur mir selber begegne, so begegne ich auch in den äußeren Erscheinungen dieser Welt der hintergründigen Wirklichkeit. Im Endlichen begegnet mir das Unendliche, im Irdischen begegnet mir das Himmlische, im Zeitlichen begegnet mir das Ewige. Alles Irdische wird zum Gleichnis. Die Gleichnisse Jesu sind z.B. eine Anleitung zum symbolischen Sehen: Jesus lehrt uns, hinter den Erscheinungen der irdischen Welt die himmlische Welt zu sehen. Jede Blume, jeder Sonnenaufgang, jede Begegnung mit Menschen wird durchscheinend für eine dahinterliegende, größere Wirklichkeit.

Das Symbol vereint zwei Ebenen. Das griechische Wort »sym-ballein« heißt: Zwei Dinge werden zusammengebracht. Wo es nur eine Seite gibt, handelt es sich nicht um ein Symbol. Ein Symbol offenbart einen *ewigen* Sinn in einer *irdischen* Erscheinung. Im Symbol kommunizieren das Oben und das Unten, das Irdische und das Himmlische, das Materielle und das Geistliche, das Zeitliche und das Ewige. Immer begegnen sich zwei Ebenen.

Was ist der Unterschied zwischen einem Symbol und einem »Zeichen«?

Ein Zeichen ist immer eindeutig. Es darf nie vieldeutig sein, sonst verliert es seinen Charakter als Zeichen. Ein Zeichen kann auch in Worten ausgedrückt werden. Wenn wir z.B. ein rundes Schild und darin ein schräg gestelltes Kreuz als Verkehrszeichen sehen, dann wissen wir: das bedeutet »Halteverbot«. Man könnte genauso gut »Halteverbot« schreiben. Steht das Kreuz dagegen in einem Dreieck, dann weist es auf eine Kreuzung hin. Man könnte auch »Vorsicht Kreuzung« schreiben. Ein Zeichen darf nie vieldeutig sein, sonst verliert es seinen Charakter als Zeichen. Besonders Verkehrszeichen müssen ganz eindeutig sein: Ein Halteverbotszeichen bedeutet Halteverbot und sonst gar nichts.

Ein Symbol hingegen trägt eine vielfältige und hintergründige Bedeutung. Es kann nie ganz mit Worten ausgedrückt werden, denn es hat einen Bedeutungsüberschuss. Ein Symbol ist deshalb unausschöpflich, weil es nicht nur an der sichtbaren Welt, sondern auch an der unsichtbaren und unbewussten Wirklichkeit Anteil hat. Der unbewusste Bereich ist unausschöpflich.

Ein Symbol bedeutet für *mich* immer das, was es in *mir* wachruft. Deshalb kann man ein Symbol nicht verallgemeinern. Im Westen ist z.B. der Drache meistens ein negatives Symbol. In China hingegen ist er ein Glückssymbol. Also: Das Symbol bedeutet für *mich*, das was es in *mir* auslöst.

Ein Symbol ist wie ein Spiegel

Wenn ich in einen Spiegel schaue, dann sehe ich ein völlig anderes Bild als eine andere Person, die in denselben Spiegel schaut. Es ist derselbe Spiegel, aber ich sehe *mich* und der andere Mensch sieht *sich* in diesem Spiegel.

Ein Symbol ist ein vordergründiges Bild, in dem sich die hintergründige Wirklichkeit spiegelt. Das ist auch die Funktion der Ikonen im orthodoxen Gottesdienst. Für den orthodoxen Gläubigen sind Ikonen keine »Bilder«, sondern Fenster, durch die Christus, Maria oder Heilige hereinschauen. Diesen Gestalten begegnet der Gläubige ganz real in der Ikone. Wenn der Gläubige die Ikone berührt, hat er einen sinnenhaften Kontakt mit der Gestalt, die die Ikone symbolisch darstellt. Hinter dem Ikonenverständnis der Ostkirche steht das platonische Urbild-/Abbild-Denken. Platon sagt, dass es von allen irdischen Dingen ein himmlische Urbild gibt, das sich im Irdischen abbildet.

Ein Symbol bewirkt etwas im Betrachter. Wenn ich mich für die Botschaft des Symbols öffne, geschieht etwas in mir. Ich begegne der dahinterliegenden, metaphysischen Wirklichkeit. Die Kraft des Urbildes wirkt im Abbild. Nehmen wir das Beispiel einer brennenden Kerze: Sie verzehrt sich, indem sie brennt, leuchtet, wärmt und verbreitet eine heimelige oder festliche Atmosphäre. Hinter dem Feuer der Kerze steht jedoch letztlich das Feuer der Sonne und hinter der Sonne steht Christus, der Urbild aller irdischen Erscheinungen ist und alles in allem erfüllt. Die Betrachtung einer Kerze kann also eine ganze Welt von Bedeutungen in uns wachrufen.

Wenn wir irdische Dinge wie ein Symbol betrachten, dann werden sie durchsichtig wie eine Glasscheibe, die einen Blick in die Tiefendimension ermöglicht.

Im Symbol erfahren wir die sichtbaren Erscheinungen als Boten Gottes. Wir erfahren, dass ein Bote der jenseitigen Welt – ein Engel – uns entgegenkommt. Das Göttliche können wir niemals direkt erkennen, sondern nur im Abglanz und das heißt: im Symbol.

Ein Symbol ist niemals statisch, sondern immer dynamisch. Es ist geladen mit Kraft, die im Schauenden, der sich der Botschaft des Symbols öffnet, das bewirkt, was das Symbol bedeutet, nämlich Ganzheit. Ein echtes Symbol ist ein Zurückführen vom Abgeleiteten zum Ursprünglichen. Im Symbol ist das Urbild real präsent. Im Symbol ragt das Göttliche in die Sinnenwelt hinein. Nur das Symbol kann angemessen von Gott reden, weil im Symbol das Geheimnis mitschwingt. Das Symbol enthält das Jenseitige *und* das Diesseitige. »Was zwischen Licht und Finsternis sich ereignet, was die Gegensätze eint, hat Teil an beiden Seiten. Das Symbol ist das Tertium, welches es in der Logik nicht gibt, welches aber das lebendig Wahre und Wirkliche ist. In der Logik heißt es

Entweder-oder, in der Symbolik heißt es Sowohl-als-auch. Es sind beides innerseelische Wirklichkeiten. Darum drückt das schillernde Symbol den seelischen Prozess treffender, vollkommener und damit unendlich viel klarer aus als der klarste Begriff. Das Symbol erweckt Ahnungen, während die Sprache erklärt. Das Symbol schlägt viele Saiten in der Seele zugleich an. Viele verschiedene Dinge werden zu einem einheitlichen Gesamteindruck.«[76]

Zum Symbol gehören auch der Mythos und die Archetypen. Der Mythos stellt ebenfalls das Innere äußerlich dar. Der Mythos ist eine Dramatisierung des Symbols. Er ist ein Symbol in der Form einer Geschichte.

Auch die Archetypen sind Symbole. Jung schreibt: »Archetypen sind insofern echte Symbole, als sie vieldeutig, ahnungsreich und im letzten Grunde unausschöpfbar sind. Sie sind wegen ihres Beziehungsreichtums unbeschreibbar, trotz ihrer Erkennbarkeit.«[77]

Zusammenfassend können wir also sagen: Ein Symbol ist vieldeutig. Es kann im Unterschied zum Zeichen nicht durch Worte allein ausgedrückt werden. Ein Symbol erweckt nicht nur Gedanken, sondern auch Ahnungen. Ein Symbol schlägt verschiedene Saiten der menschlichen Psyche an. Ein Symbol ist Abbild des dahinter liegenden Urbildes. Das Urbild wird im Abbild gegenwärtig gesetzt. Im Symbol begegnen wir der wirkenden Kraft des Urbildes. Indem wir das Symbol auf uns wirken lassen, werden wir mehr und mehr in das Urbild umgestaltet.

Im Chakrenweg redet das Halschakra vom Ineinander der äußeren und inneren Wirklichkeit. Es ist deshalb das »Symbol«-Chakra.

Eine Körperübung zum Halschakra als Gedächtnisstütze und zur »Einverleibung"

❍ Wir heben unser Kinn nach oben und denken oder sprechen dabei: »das Himmlische«.

❍ Wir senken unser Kinn nach unten und denken oder sprechen dabei: »im Irdischen«.

❍ Wir wiederholen diese Übung so lange, wie es für uns stimmt: Das Himmlische im Irdischen, das Himmlische im Irdischen, das Himmlische im Irdischen usw.

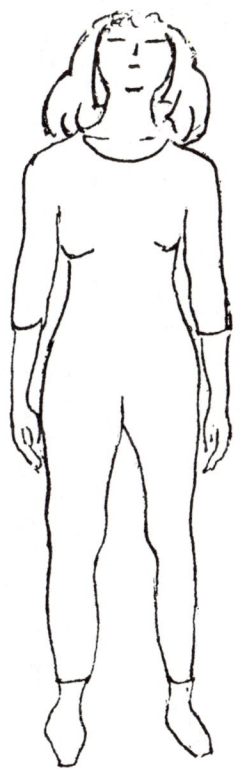

○ *Wir neigen unseren Kopf nach links und denken oder sprechen dabei: »das Ewige«.*

○ *Dann neigen wir unseren Kopf nach rechts und denken oder sprechen: »im Zeitlichen«.*

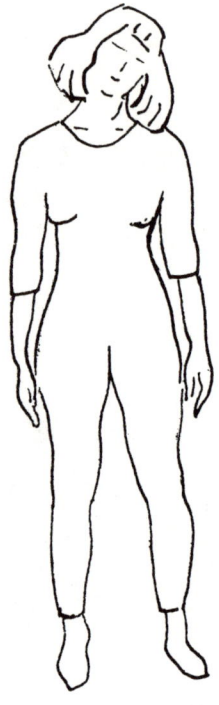

○ *Wir wiederholen diese Übung so lange, wie es für uns stimmt: Das Ewige – im Zeitlichen, das Ewige – im Zeitlichen, das Ewige – im Zeitlichen usw.*

○ *Wir können diese Übung auch im Viertakt durchführen: Kinn nach oben – Kinn nach unten, Kopf nach links – Kopf nach rechts und dabei denken oder sprechen wir jeweils: »Das Himmlische im Irdischen – das Ewige im Zeitlichen«.*

Das Stirnauge – Ajna

Das Symbol des Stirnauges

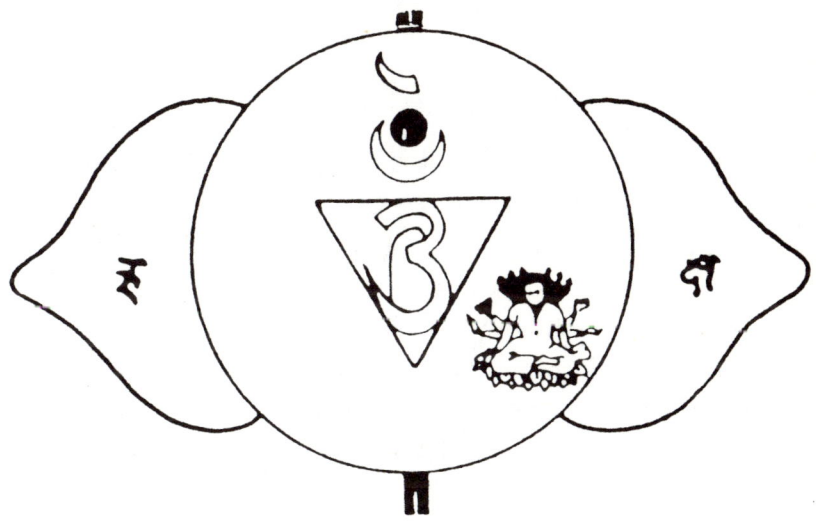

Ajna (sprich: Atschna) heißt »Weisung«. Das Schaubild des Stirnauges hat nur zwei Lotosblütenblätter mit zwei Schriftzeichen. Nachdem bisher alle Konsonanten und alle Vokale auf den Blütenblättern standen, gibt es jetzt noch zwei besondere Buchstaben: das Ksa und das Ha. Ha drückt den männlichen Aspekt aus (auf der linken Seite!), ksa den weiblichen Aspekt (auf der rechten Seite). Es geht also in diesem Chakren-Symbol um die Vereinigung von männlich und weiblich. Die Göttin Shakti hat sechs Köpfe und sechs Hände, links drei und rechts drei. Shakti ist jetzt bis ins sechste Chakra aufgestiegen. In der obersten Hand auf der rechten Seite hält sie ein

Buch. Dieses Buch symbolisiert Wissen. Denn in diesem Chakra geht es um das Wissen hinter dem Wissen. Nicht um ein rationales Wissen, das vom Männlichen her kommt, sondern um ein hintergründiges weibliches Wissen, das von Shakti ausgeht. Das Schaubild der Shakti ist hier gewichtiger als Shiva. Shiva ist verborgen in dem mittleren, phallus-gestaltigen Symbol (»Lingam«) in dem nach unten zeigenden, weiblichen Dreieck. Die Silbe im Dreieck ist ein nach links geöffnetes OM. OM ist das alles umfassende Wort, das in diesem Chakra geöffnet ist, um alle Chakrenerfahrungen aufzunehmen und dadurch zu seiner Fülle zu kommen, die jedoch erst im Kronenchakra erreicht wird. Das OM im Ajna ist ein nach Gott und nach der Vollendung hin geöffnetes OM.

Was bedeutet dieses Chakra psychologisch? Im Ajna verlassen wir die Welt der Sinne. Es gibt keine äußere Wirklichkeit mehr. Es gibt nur noch die innere Wirklichkeit. Ajna braucht kein Symboltier mehr, in dem es sich von einer anderen Wirklichkeit abgrenzt. Die Psyche braucht sich nicht zu spiegeln, denn sie ist nur noch allein vorhanden. Hier ist nur Psyche[78]. Hier gibt es auch kein materielles Gegengewicht mehr, auch nicht den Äther. Und doch gibt es ein Gegenüber zu diesem Chakra, nämlich ein innerpsychisches Gegenüber. Dem subjektiven Ich steht eine objektive psychische Realität gegenüber. »Es ist eine Realität, die noch hinter dem Selbst steht.«[79] Ich verstehe das so, dass diese objektive Realität das Urbild des Selbst ist. Nach biblischem Verständnis ist das Christus. Er ist das Urbild, das »aus dem Schoß des Vaters« stammt. Christus ist ein »*Abbild* Gottes«[80], aber gleichzeitig ist Christus das *Urbild* des Menschen. Und wir sind ein Abbild Christi.[81]

Das sind biblische Aussagen, die diesem Chakra entsprechen.

Die Realität, die hinter dem Selbst steht, ist nicht mehr eine subjektive, sondern eine objektive psychische Realität, die nichts mehr mit dem Ich zu tun hat. In den Gesprächen zu diesem Chakra meint Jung:»Die Realität ist Gott. Gott ist das ewige psychische Objekt, das Nicht-Ich. Es ist die Wirklichkeit, die das Ich in das Nicht-Ich aufnehmen wird.«[82] Das geöffnete OM ist nach Gott hin ausgerichtet. Es steht für ein Ich, das sich von Gott durchdringen lässt. Die subjektive Realität verstehe ich als den subjektiven»menschlichen« Geist, der sich für die objektive Realität, den»göttlichen« Geist, öffnet. Paulus unterscheidet zwischen diesen beiden Arten des Geistes, wenn er schreibt:»Sein Geist (Gottes Geist) bezeugt sich *unserem* Geist.«[83] Rudolf Otto hat den menschlichen Geist einmal als»gottförmige Leere« bezeichnet, d.h. als eine Leere im Menschen, die nur von Gott ausgefüllt werden kann.

Wie gesagt: Ajna ist das Chakra des hintergründigen Wissens, ausgedrückt durch Shakti, die ein Buch in der Hand hält. Es geht um das Wissen hinter dem Wissen, um eine innere Schau. Beim Stirnauge geht es um das Phänomen des Sehens, während es beim Halschakra um das Hören und Sprechen geht. Beim Stirnauge geht es um das innere Sehen, um die innere Weisung und Einsicht. Diese Einsicht ist *in* uns. Sie wird uns nicht von außen auferlegt. Sie hat also nichts mit irgendwelchen Gesetzen, Befehlen und Vorschriften zu tun, sondern sie ist die innere Weisung, die *geschieht*.[84] Das ist das Wesen des Stirnauges. Jung drückt das so aus:»Du träumst nicht einmal davon, dass du irgendetwas anderes tun könntest als das, was diese innere Kraft (nämlich die Kraft der Kundalini im Ajna; Vf.), von dir fordert. Ja, diese Kraft fordert nicht einmal etwas, denn du tust ja bereits das, was diese Kraft will. Denn du bist die Kraft.«[85]

Das ist also das Einswerden des menschlichen Wollens mit dem göttlichen Wollen. Das ist das, was die Vaterunser-Aussage »dein Wille geschehe« meint. Das heißt, dass nicht ich etwas tue, sondern dass der Wille Gottes ohne mein Zutun geschieht. Im Ajna ist unser Ich im Einklang mit unserem Selbst. Wir handeln von unserem Wesenskern her. Wenn das nicht so ist, wenn wir von außen gesteuert werden, dann sind wir noch nicht im Zustand des Ajna-Chakras[86].

Eine Körperübung zum Stirnauge als Gedächtnis-stütze und zur »Einverleibung"

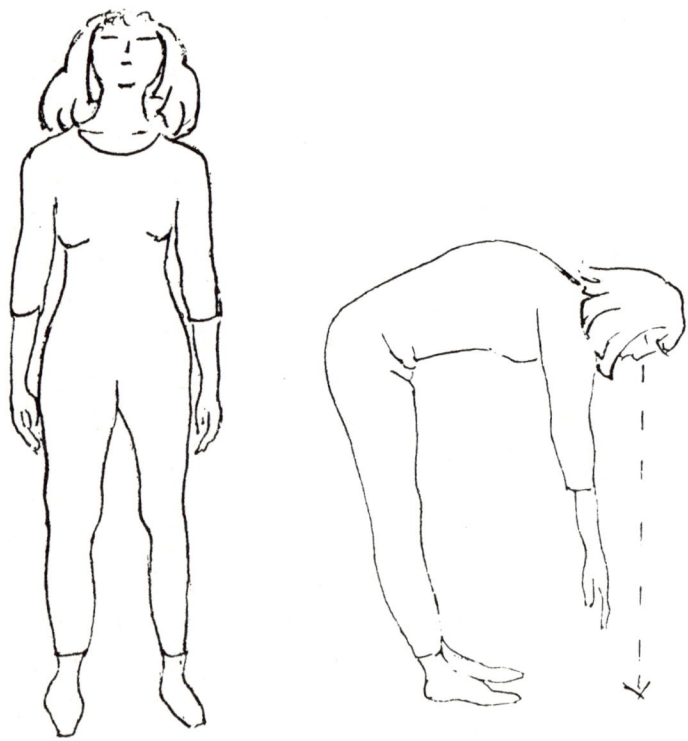

○ Wir schauen mit den Augen nach oben und spüren oder imaginieren das Stirnauge. Dabei denken oder sprechen wir: »Wie im Himmel ...«.

○ Dann beugen wir uns langsam nach unten (s. Skizze), spüren oder imaginieren dabei das Stirnauge und denken oder sprechen: »... so auf Erden«.

○ Wir beugen uns langsam weiter nach unten, bis unsere Fingerspitzen den Boden berühren. (Falls dies bei ausgestreckten Beinen zu schwierig ist, können wir die Knie auch leicht beugen.)

○ Wir richten uns langsam wieder auf und wiederholen diese Übung so oft, wie es für uns stimmt. Statt »wie im Himmel – so auf Erden« können wir auch denken oder sprechen: »wie oben – so unten«.

Das Kronenchakra – Sahasrara

Das Symbol des Kronenchakras

Das Symbol des Kronenchakras (Sahasrara) ist der tausendblättrige Lotos (Sahasrara heißt: der tausendblättrige Lotos).
In diesen tausend Blütenblättern ist das gesamte Sanskrit-Alphabet 20mal enthalten. Die 50 Buchstaben sind in 20 Reihen
rings um den Kopf gelegt, zusammen ergibt das 1000. Was
in diesem Schaubild auffällt, ist die Tatsache, dass die Lotosblütenblätter nach unten zeigen. Das entspricht der »Enan-
tiodromie«, der Umkehr der Chakrenbewegung. Wenn wir
oben angekommen sind, geht es wieder *zurück* zum Wur-

zelchakra.[87] Die ganze Fülle, die erreicht worden ist, weist wieder nach unten zum Anfang. Das OM als die »höchste« Silbe krönt die 1000 Blütenblätter.

Was bedeuten diese 1000 Buchstaben? Sie bedeuten das *Alles* und *Nichts*. Das Alphabet ist eine Kombination zwischen dem *Alles* und dem *Nichts*. Was ist ein Alphabet? Es ist eine Aneinanderreihung von Buchstaben, also »*nichts*«. Und doch ist in den Buchstaben des Alphabets *alles* enthalten. Indem wir die Buchstaben entsprechend kombinieren, können wir alles, was es gibt, ausdrücken. Deshalb ist das Alphabet gut geeignet, um das »*Alles und Nichts*«, das im OM zusammengefasst ist, darzustellen.

C.G. Jung sagt zu diesem Chakra: »Sahasrara ist jenseits jeder Erfahrung. Im Sahasrara ist nur noch Brahman. Brahman kann nicht erfahren werden. Es ist die ›Nicht-Zwei‹ und alles, was nicht zwei ist, was nicht teil hat an der Polarität, ist nicht erfahrbar«.[88] Die Kombination von seiend und nicht-seiend ist in dieser Welt nicht möglich. Das Seiende, das zugleich das nicht Seiende ist, wird in Indien Nirwana genannt.

Was ist Nirwana? Wie eingangs erwähnt, wurde Buddha einmal gefragt, ob es Nirwana gibt. Er gab keine Antwort. Als er gefragt wurde, ob es Nirwana nicht gibt, gab er ebenfalls keine Antwort. Buddha wollte damit zum Ausdruck bringen, dass jede Aussage über Nirwana falsch ist, weil eine Aussage eine Dualität voraussetzt. Indem ich etwas bezeichne, grenze ich es von etwas anderem ab. Nirwana ist das Alles und das Nichts. Man kann also nur schweigen.

Sahasrara ist die Vereinigung aller Gegensätze von allem, was es gibt. Also die »Hochzeit«[89] zwischen männlich und weiblich, zwischen Himmel und Erde, zwischen Gott und Mensch, zwischen Bewusstem und Unbewusstem, zwischen Sein und Nichtsein. Das alles wird ausgedrückt durch die beiden Gottheiten Shakti und Shiva. In Shakti und Shiva ist alles enthalten, was es überhaupt gibt: das Obere und das Untere, das Männliche und das Weibliche, Himmel und Erde, das Bewusste und Unbewusste usw. Die Vereinigung aller Gegensätze ist das Ziel der Individuation. Dieses Ziel kann hier auf dieser Erde nicht endgültig erreicht werden, sondern nur jeweils in punktuellen Annäherungen.

Über dem OM ist ein winziges Zeichen. In diesem Zeichen sind Shiva und Shakti vereinigt. Sie sind zu einer vollkommenen Einheit geworden. Im Sanskrit heißt dieses Zeichen »Para Bindu«. Innerhalb des Para Bindu ist die große Leere, in der es keinen Unterschied mehr gibt. In einem Sanskrit-Text lesen wir, dass dieses Para Bindu so klein ist wie ein Zehnmillionstel einer Haarspitze[90], also unvorstellbar winzig. Damit wird zum Ausdruck gebracht, dass das Größte im Kleinsten enthalten ist.

In der jüdischen Kabbala begegnet uns eine ähnliche Vorstellung. Der kleinste hebräische Buchstabe, das Jod, ist in der Kabbala Symbol für Gott, d.h. im Kleinsten ist »das Größte«, enthalten. Jod ist der Anfangsbuchstabe des hebräischen Tetragramms, des nicht aussprechbaren Gottes-»Namens«[91]. Der »Name« Gottes kann nicht ausgesprochen werden, weil er keinen Anteil an der Polarität hat.[92]

Auch in der Bibel begegnet uns Gott – wie im Kronenchakra – als »männlich und weiblich«. So sagt Gott: »Lasset uns Menschen schaffen (= »Wir wollen Menschen schaffen«), ein Bild, das uns gleich sei.«[93] Hinter dem »Wir« steht im Hebräischen das Wort Elohim, ein Mono-Plural. Sowohl im Hebräischen als auch im griechischen Text heißt es, dass Gott den Menschen »männlich und weiblich« geschaffen habe. (Nicht »als Mann und als Frau«, das wäre bereits eine Differenzierung! Die Differenzierung in »Mann« und »Frau« erfolgt erst im zweiten Kapitel der Genesis.[94]) Im Kronenchakra mündet die differenzierte Einheit[95] in die Ganzheit Gottes ein.

Die tausend nach unten zeigenden Lotosblüttenblätter symbolisieren nicht nur den Abstieg (»zurück ins Wurzelchakra«), sondern auch die kosmische Energie, die vom Kronenchakra herabströmt. In einer Beschreibung dieses Chakras heißt es: »Die kosmischen Kräfte strömen wie eine Kaskade vom Menschen herab, der im Sahasrara angekommen ist. Er ist erfüllt von einer Kraft, die wie ein Wasserfall von ihm herabströmt.« Das erinnert an ein Wort, das Jesus vor geisterfüllten Menschen gesagt hat: »Ströme lebendigen Wassers werden aus seinem Innern fließen.«[96]

Leadbeater, einer der Ersten, der – angeregt durch das Buch von Arthur Avalon »The Serpent Power«[97] – in unserem Jahrhundert ein Buch über die Chakren veröffentlicht hat, sieht die Situation des Kronenchakras symbolisiert in den 24 Ältesten der Johannes-Offenbarung, die bei der Anbetung Gottes ihre Kronen vor Gott niederlegen.[98] Er schreibt: »In dem hoch entwickelten Menschen strahlt dieses Chakra einen Glanz und eine Glorie aus, die als wahre Krone sein Haupt umschwebt. Die Stelle in der Heiligen Schrift von den 24 Ältesten bedeutet: Alles, was errungen worden ist, wird wieder zu Füßen des Logos niedergelegt, auf dass es für sein Werk gebraucht werde. Und er kann seine Krone immer und immer wieder hinwerfen, denn die Kraft, die aus seinem Inneren aufquillt, bildet sich immer wieder aufs Neue.«[99]

Eine Körperübung zum Kronenchakra als Gedächtnisstütze und zur »Einverleibung"

○ *Wir legen unsere Hände vor der Brust zusammen und strecken sie dann langsam weit nach oben und denken dabei: »Ich bin in Gott«.*

○ *Dann senken wir unsere Hände langsam auf den Kopf herab und bilden auf dem Kopf eine Krone, indem wir die Hände leicht öffnen. Wir denken oder sprechen dabei: »Gott ist in mir«.*

○ *Wir verweilen einen Augenblick lang in dieser Haltung und kehren dann zur Ausgangsstellung zurück.*

○ *Wir wiederholen diese Übung so oft, wie es für uns stimmt.*

Wenn wir die sieben Körperübungen zu den einzelnen Chakren nacheinander machen, dann können wir sie mit der »Lemniskate« (eine »8«-förmige Bewegung) abschließen.[100] (Wir beginnen mit der Bewegung zur rechten Schulter hin.)

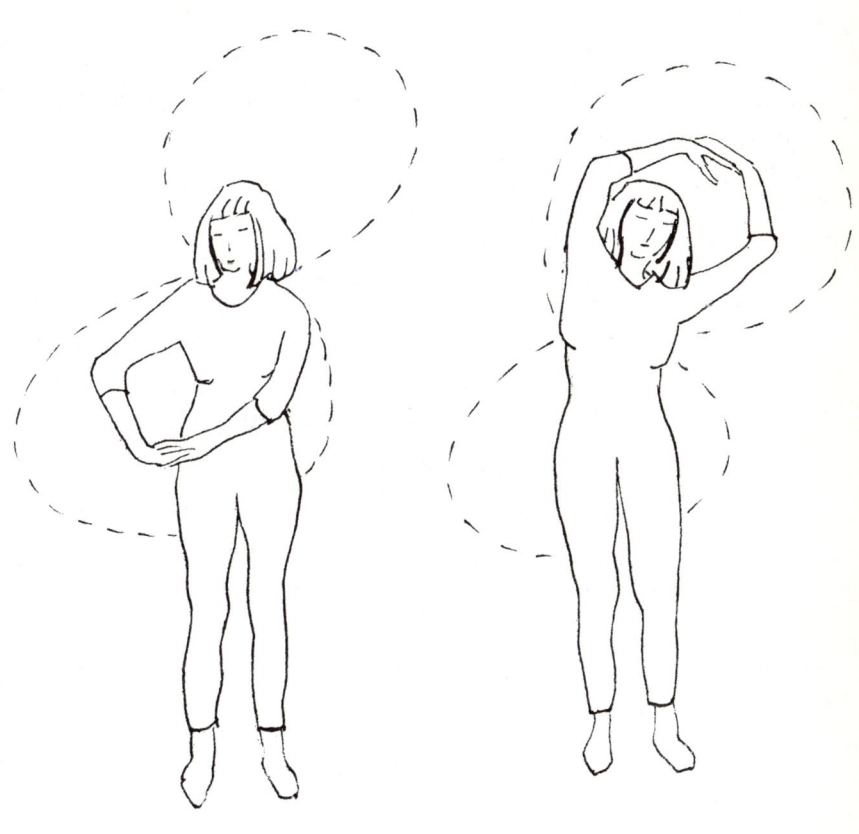

Wir denken oder sprechen dabei (die Zahlen bedeuten jeweils eine Übungseinheit):

1 Der ewige Gott,
2 der unsere Mutter,
3 und unser Vater ist,
4 segnet uns und alle Kreatur ...

Jetzt führen wir die Übung in der Gegenrichtung durch, indem wir mit der Bewegung zur linken Schulter hin beginnen. Wir denken oder sprechen dabei:

5 ... wie es war im Anfang,
6 jetzt und immerdar,
7 und von Ewigkeit
8 zu Ewigkeit.

Dann legen wir unsere Hände auf die Brust (die rechte Hand auf die linke Hand) und denken oder sprechen dabei:

»Amen«

Die Symbolfarben der Chakren

Die Farben der Chakren

Farben begegnen uns in Verbindung mit den Chakren in vierfacher Weise:

1. Die »natürlichen« Farben:
Menschen, die die Fähigkeit haben, Chakren zu sehen, sehen sie – ähnlich wie die Aura (die mit Hilfe der Kirlian-Fotografie sichtbar gemacht werden kann) – in ständig wechselnden Farben – je nach der seelisch/körperlichen Verfassung des betreffenden Menschen.[1]

2. Altindische Farben:
Arthur Avalon überliefert in seinem Buch »Schlangenkraft« die altindischen Chakren-Symbole in farbiger Darstellung. Die verschiedenen Farben drücken die Bewegtheit der einzelnen Chakren aus und unterstreichen die Bedeutung der Details der einzelnen Chakren-Symbole in einer für westliche Betrachter nicht immer eindeutig nachvollziehbaren Weise.[2]

3. Die Regenbogenfarben:
Die sieben Regenbogenfarben wurden erst im 18. Jahrhundert durch den bedeutenden englischen Naturwissenschaftler

Isaak Newton in der Reihenfolge Rot-Orange-Gelb-Grün-Blau-Indigo-Violett als Grundfarben des menschlichen Sehens erkannt. (Vorher fehlten Orange und Indigo.) Diese Farben werden den einzelnen Chakren zugeordnet und entsprechend psychologisch gedeutet. Wir können diese sieben Farben als die psychologischen Grundfarben der Chakren bezeichnen. Sie haben sich in der Chakren-Meditation bewährt. Wir werden uns deshalb in den folgenden Ausführungen nur mit diesen Regenbogenfarben befassen.

4. Die persönlichen Chakren-Farben:
Bei der Chakren-Meditation geschieht es immer wieder, dass Meditierende die sieben Grundfarben in anderer Reihenfolge oder auch andere Farben imaginieren. Dadurch kann (ähnlich wie bei den persönlichen Chakren-Tieren) die durch das betreffende Chakra symbolisierte psychische Ebene durch die Farbe entsprechend beleuchtet werden.[3]

Rot –
die Farbe des Wurzelchakras

Im Hebräischen haben Rot, Blut, Erde und Mensch dieselbe sprachliche Wurzel. In anderen Sprachen ist Rot die Grundfarbe überhaupt und bedeutet deshalb nicht nur »rot«, sondern auch »Farbe« und »farbig«. Beim Rot unterscheiden wir das leuchtende, knallige Rot und das gedämpfte, verhaltene Rot. Das leuchtende ist das zentrifugale, das verhaltene das zentripetale Rot. Das Erstere ist das extravertierte (nach außen gerichtete), das Zweite das introvertierte (nach innen gerichtete) Rot. Das extravertierte Rot ist das psychologisch (nicht biologisch!) »männliche« und das introvertierte ist das psychologisch »weibliche« Rot. Das leuchtende Rot symbolisiert das nach außen wirkende Leben, das gedämpfte Rot das verborgene, innere Leben. Das nach außen gerichtete Rot ist Ausdruck starker Emotionen (Liebe, Hass), es ist das Rot des Mars. Dieses nach außen gerichtete Rot bedeutet auch den Tod. Denn das Blut, das nach außen strömt, bewirkt den Tod, während das innere Blut Leben bedeutet. Schon Paulus schreibt: »Der äußere Mensch vergeht (d.h. er stirbt), der innere wird von Tag zu Tag erneuert« (er hat Anteil am Leben).

In der Farbe Rot begegnen uns noch weitere Gegensätze. So wird z.B. der Teufel als Symbol der Einseitigkeit rot dargestellt, während in der Alchemie das Rot der »Rubedo« als höchste Entwicklungsstufe die Vereinigung der Gegensätze symbolisiert. Im Rot liegt also eine enorme Spannung: Liebe und Hass, Leben und Tod, Einseitigkeit und Ganzheit. In dieser Bedeutungsbreite ist das Rot die entsprechende Farbe für die Erde und für das Wurzelchakra, in dem alles enthalten, aber noch nicht entfaltet ist.

Rot steht auch für Energie und Kraft. Es ist deshalb ein treffender Ausdruck für die Kraft der Kundalini, die im Muladhara ruht. Wenn jemand »Rot sieht«, dann kann er geradezu übermenschliche Kräfte entwickeln. Ich habe dies einmal erschreckend eindrücklich in einer psychiatrischen Klinik erlebt. Ein Mann im mittleren Alter, den ich bisher als eher friedlich erlebt hatte, begann eines Tages zu toben und mit ungeheurer Kraft alles zu zerschlagen, was ihm in den Weg kam. Selbst eine gut abgesicherte Tür zertrümmerte er. Später unterhielt ich mich mit ihm und fragte ihn, wie es zu einem solchen Ausbruch gekommen ist. Er sagte: »Plötzlich war alles rot: die Stühle, der Tisch, die Wände, die Regale, die Fenster und Türen. Alles war ganz rot. Und da ist in mir eine ganz starke Kraft aufgebrochen, und ich habe ohne besondere Anstrengung alles zerschlagen, was mir in den Weg kam. Ich musste es einfach tun. Es geschah wie von selbst.«

Orange – die Farbe des Polaritätschakras

Orange ist eine zusammengesetzte Farbe. Sie hat Anteil am Rot der Erde und am Gelb der Sonne. Orange steht zwischen dem himmlischen Gold und dem erdhaften Rot. Das Orange des Polaritätschakras begegnet uns anschaulich in der untergehenden Sonne, die orange-rot im Westmeer untergeht, um ihre Nachtmeerfahrt anzutreten. Die Sonne des Bewusstseins und des Tages geht unter, um in den Bereich des Unbewussten und der Nacht einzugehen. Mit dem Polaritätschakra betreten wir den Bereich des Unbewussten, wo wir dem Gegenpol zur bewussten Alltagsrealität und damit der »Polarität« begegnen. Orange als Farbe der Polarität und der gegensätzlichen Spannung begegnet uns auch in einigen mythischen Gestalten. So trägt z.B. Helena, die sowohl mit einem griechischen Feldherrn als auch mit einem trojanischen Prinzen liiert ist, einen orangefarbenen Schleier. Die Musen, die als Töchter des Himmels und der Erde gelten, sind ebenfalls in Orange gekleidet. Auch Dionysos, der die Gegensätze Alt und Jung, männlich und weiblich, sterblich und unsterblich, nüchtern und trunken symbolisiert, trägt ein oranges Gewand.

Unter den Edelsteinen des himmlischen Jerusalems symbolisiert der »Hyazinth« die Pole irdisches Blut und himmlische Sonne.[4] Orange herrscht über andere Farben entweder durch positives Überstrahlen oder durch negatives Verdrängen. Nach Goethe verleiht Orange einerseits »das Gefühl von Wärme und Wonne«, andererseits kann es Ausdruck des »unerträglich Gewaltsamen« sein. So ist Orange z.B. die Farbe des nordirischen »Orange Order«, der für die Polarisierung in Nordirland steht.

Gelb – die Farbe des Sonnengeflechtschakras

Zum Sonnengeflechtschakra gehört die Farbe Gelb. Wie jede Farbe ist auch Gelb eine ambivalente Farbe. Symbol für diese Ambivalenz ist die Sonne, die einerseits in einem wunderbaren Goldgelb erstrahlen kann als »güldne Sonne voll Freud und Wonne«[5], als belebende Kraft und andererseits als gleißende und brennende Sonne den Boden ausdörren und so Elend und Tod über Pflanzen, Tiere und Menschen bringen kann.

In der griechischen Mythologie begegnet uns die Ambivalenz des Gelb in der Gestalt goldgelber Äpfel. Einerseits sind die goldenen Äpfel der Hesperiden, die die Erdmutter Gaia dem Götterpaar Zeus und Hera zur Hochzeit schenkt, Symbole der Eintracht und der Liebe, andererseits löst der goldene Apfel der Eris, den Paris der Aphrodite als »der Schönsten« überreicht, den trojanischen Krieg und damit Zwietracht und Hass aus.

In der psychologischen Deutung wird Gelb einerseits mit »Macht, Einsicht, Intelligenz, Verstand«, andererseits mit »Falschheit, Misstrauen, Verrat, Zweifel und irre sein« in Verbindung gebracht.

In der Alchemie ist der gelbe Schwefel »geistiges Gold« und »erster Beweger«, der nach einem alchemistischen Text »das Rad und die Achse im Kreise dreht« – eine Anspielung auf den vom Propheten Ezechiel geschauten, göttlichen Himmelswagen.[6] Dieser Himmelswagen ist ein eindrückliches Bild für das Sonnengeflechtschakra, das durch gelbes Feuer und ein sich drehendes Zentrum symbolisiert ist und nach der psychologischen Deutung den psychischen Wandlungsprozess einleitet und darstellt.

In der Zeichensprache der Runen ist Gelb mit dem Zeichen für »Vorwärtsschreiten« verbunden.

Grün –
die Farbe des Herzchakras

Grün ist die Farbe des Wachstums. Die althochdeutsche Wurzel »gruoni« ist noch im englischen »grow« (»wachsen«) erhalten. Wachsen bedeutet, dass etwas da ist, aber noch nicht voll entwickelt. So werden Menschen, die noch am Anfang einer Entwicklung stehen, also noch »unreif« sind, manchmal verächtlich als »Grünschnabel«, »grüne Jüngelchen« oder »greenhorn« bezeichnet. Andererseits wird das Grün als etwas sehr Schönes empfunden. So heißt es z.B. im Buch Sirach: »Anmut und Schönheit erfreuen das Auge, aber mehr als beide das Grün der Saat«[7]. Grün ist die Farbe der Mitte, in der sich das untere Gelb und das obere Blau vereinen. Nach »unten« orientiert ist das »Giftgrün« und der »grün-gelbe« Neid[8]. Nach »oben« orientiert ist die »Grünkraft« (viriditas), die für Hildegard von Bingen den »gründurchwirkten und gründurchflossenen« Kosmos darstellt und zugleich die göttliche Kraft ist, die Heil und Heilung wirkt. So berichtet ein Schizophrener unmittelbar nach seiner Heilung: »Ich fühlte, als die Heilung auf mich zu kam, wie ich in einen wunderbaren Frieden hineinglitt. Alles war grün in meinem Zimmer ... ich war im Paradies – im mütterlichen Schoß«[9]. (»Grün sehen« ist also der Gegenpol zu »Rot sehen«!)

Als Farbe der Mitte steht Grün zwischen Himmel und Erde, zwischen oben und unten, zwischen heiß und kalt. Die grüne Moschee in Konia ist das Zentralheiligtum der tanzenden Derwische, die sich ständig um ihre eigene Mitte drehen und dadurch die Einheit alles Geschaffenen symbolisieren[10]. In der indischen Göttertrias ist Grün dem Gott Vishnu, dem Erhalter der Welt zugeordnet.

Christliches Symbol der Mitte ist das grüne Christuskreuz, ein Urbild der Hoffnung. Mittelalterliche Christen drückten ihre Hoffnung mit dem lateinischen Satz aus: »Crux spes unica mea« (»das Kreuz ist meine einzige Hoffnung«). Die frühen Christen fanden im ersten und letzten Buchstaben des griechischen Wortes für »grün« (**CHLOROS**) einen verborgenen Hinweis auf ihr Glaubensbekenntnis: »**CHRISTUS SOTER**« (»Christus ist der Retter«).[11] Manche Volkslieder preisen die grüne Farbe als Ausdruck der Hoffnung, so z.b. das bekannte Lied: »O Tannenbaum, o Tannenbaum, wie *grün* sind deine Blätter ..., die *Hoffnung* und Beständigkeit gibt Kraft und Trost zu jeder Zeit«.

Grün ist auch die Farbe der Akzeptanz und Zuneigung (»ich bin jemand grün«; die germanische Rune für »grün« bedeutet »Begegnung«).

Grün bedeutet also Ausgleich der Gegensätze, wodurch Friede entsteht.

Blau – die Farbe des Halschakras

Über die Entstehung der Farbe Blau berichtet ein indischer Mythos:»Als aus dem kosmischen Ozean die Welt entstand, war die erste Substanz, die an die Oberfläche kam, das Gift der kosmischen Schlange. Dieses Gift kann weder von Menschen noch von Engeln und Dämonen, auch nicht von den Göttern assimiliert werden, denn es ist die kosmische Kraft der Zerstörung. Es gibt nur ein einziges Wesen, das dieses Gift trinken kann, das ist der ›kosmische Mensch‹, der vor allem Sein und Ursprung allen Seins – auch der zerstörenden Kräfte des Kosmos – ist, nämlich der Gott Shiva. Als Shiva das Gift trank, zog es ihn zusammen und seine Kehle wurde ganz blau. So ist die Farbe Blau entstanden. Das Schlangengift wurde dadurch in ›Amrita‹ verwandelt. Es wurde zum Trank des ewigen Lebens.«[12]

Dieser Mythus macht deutlich, dass es sich bei der Farbe Blau um eine geheimnisvolle Farbe handelt. Blau entsteht, wenn das Gift der Schlange zur Gabe des Gottes wird (»Gift« und »Gabe« haben dieselbe Wurzel! Vgl. »Mitgift« und englisch »gift«= Gabe) – ein hintergründiger Gedanke, der uns unmittelbar in die symbolische Bedeutung des blauen Halschakras hineinführt.

Wie alle Farben ist auch Blau ambivalent. Einerseits steht es für Wahrheit und Treue, andererseits für Kälte und Täuschung (»blauer Dunst«, »ins Blaue hinein« reden). Blau ist jedoch vor allem eine geheimnisvolle Farbe, die Überraschungen birgt (positiv: »Fahrt ins Blaue«; negativ: »Blaues Wunder«).

Blau gehört sowohl zum Tierkreiszeichen Jungfrau als auch zur Jungfrau Maria. Für den Maler Kandinsky drückt Blau eine »überirdische Feierlichkeit« aus.

Indigo –
die Farbe des Stirnauges

Indigo ist eine Verbindung von Blau und Violett. Es hat *noch* Anteil an der Polarität des Blau (das in polarer Spannung zu »Rot« steht) und *schon* Anteil an der Einheit des Violett (in dem Rot und Blau zu einer Einheit verschmolzen sind). Indigo ist somit ein stimmiges Symbol für das Miteinander von »Ich« (Polarität) und »Selbst« (Einheit). Im Stirnauge ist die »Ich-Selbst«-Achse vollkommen ausgebildet. Das Wollen des Ich ist eins geworden mit dem Wollen des Selbst.

Indigo symbolisiert den Übergang vom Wachen zum Schlafen und vom Schlafen zum Wachen (= den hypnopompischen und den hypnagogischen Zustand), von den Träumen zur Realität und von der Realität zu den Träumen. Aus dieser Nähe zum Unbewussten entstehen die Tiefeneinsichten, die für das Stirnauge charakteristisch sind.

Indigo steht für Meditation, Mystik, Religion und Einfühlungsvermögen. Es symbolisiert auch die Verbundenheit mit der kosmischen Intelligenz und Weisheit.

Violett –
die Farbe des Kronenchakras

Violett ist die Vereinigung von Rot und Blau, also die Vereinigung des ersten »unteren« Chakras (rot) und des ersten »oberen« Chakras (blau). Es geht also um die Vereinigung der Chakren überhaupt.

Vereinigung und Einheit ist das alles beherrschende Thema des Kronenchakras. Im Kronenchakra gibt es gar nichts mehr, was getrennt oder entzweit ist. Alles ist eins. Im Kronenchakra gibt es keine Zweiheit mehr, denn das Kronenchakra hat nichts mehr mit der vordergründigen Welt zu tun, die durch die Polarität gekennzeichnet ist. Das Kronenchakra symbolisiert die vordergründige *und* die hintergründige Welt, die zu einer Einheit geworden sind. Dass im Kronenchakra alles eins ist, wird auch durch die Farbe Violett ausgedrückt. Wir können dies an den beiden Polen männlich und weiblich veranschaulichen. Rot gilt einerseits als männlich, andererseits als weiblich. Das aggressive Mars-Rot gilt als männlich (in seinem Farbentest bezeichnet Lüscher es als »Ausdruck impulsiver Eroberung«). Dagegen gilt das warme Erd-Rot als weiblich. Beim Blau ist es ähnlich: Das kühle Blau des Himmels gilt als männlich, das warme intuitive Blau gilt als weiblich (Lüscher bezeichnet es in seinem Farbentest als »Ausdruck zärtlicher Hingabe«). Violett bedeutet Einheit zwischen allen Aspekten des Blau und des Rot und somit des Männlichen und des Weiblichen.

Violett symbolisiert auch die Einheit zwischen dem Wurzelchakra und dem Kronenchakra. Violett ist auf der einen Seite Symbol einer undifferenzierten Einheit, die dem Wurzelchakra entspricht (das Rot und das Blau sind wie in einem Gemisch undifferenziert beieinander). Es ist wie am Anfang der Schöpfung, wo alles in einem großen Tohuwabohu enthalten ist[13], andererseits ist Violett Symbol einer differenzierten Einheit, die dem Kronenchakra entspricht. Es ist eine Vereinigung der entfalteten Pole. (Ingrid Riedel bezeichnet die undifferenzierte Einheit als »androgynes« Violett, die differenzierte Einheit dagegen als »hermaphrodites« Violett.[14])

Das dem Kronenchakra zugeordnete Violett symbolisiert also die Einheit von allem, was es überhaupt gibt, von Himmel und Erde, von Leben und Tod, von Subjekt und Objekt, von »positiv« und »negativ« und allen anderen Polen. Da im Kronenchakra alle Gegensätze vereinigt sind (also auch die Gegensätze »alles« und »nichts«), verlieren sie in dieser Einheit ihr jeweils negatives oder positives Vorzeichen. Die Wertungen »positiv« und »negativ« existieren nicht mehr in dieser Einheit, in der es keine Zweiheit mehr gibt. Dies alles symbolisiert die Farbe Violett.

Meditation: Eine Farbreise

Wir setzen oder legen uns entspannt hin und imaginieren folgende Wanderung (Bei einer Gruppen-Meditation kann die/der Leitende den folgenden Text langsam, von Pausen unterbrochen, vorlesen.):

Am frühen Morgen begeben wir uns auf eine Wanderung. Unser Weg führt uns an einem roten Mohnblumenfeld vorbei. Wir bleiben stehen und lassen das Rot der Blumen und der Erde auf uns wirken. Die rote Energie durchströmt unseren Körper und seine Organe. Wir werden vom Rot des Mohnblumenfeldes geradezu durchflutet. Wir lassen uns einhüllen vom roten Licht, das uns mit der mütterlichen Erde verbindet. Wir danken der Erde, dass sie uns trägt und nährt und uns mit Energie versorgt.

– Stille –

Dann gehen wir weiter. Der Blick öffnet sich, wir kommen zu einem Fluss, über dem orangerot die Sonne aufgeht. Der leuchtend-orange Sonnenball spiegelt sich im ruhig dahin fließenden Wasser. Wir bleiben stehen und lassen das Orange auf uns wirken. Wir atmen das Orange, das sich im Wasser widerspiegelt, in uns ein und erleben, wie diese Energie uns durchdringt und durchleuchtet. Unser Körper, der ja zum größten Teil aus Wasser besteht, nimmt dieses Orange auf. Wir spüren, wie diese Farbe uns anregt, und wir ahnen die Kräfte des Wassers. Lange blicken wir ins Wasser und lassen uns vom Orange beleben und aufladen.

– Stille –

Langsam steigt die Sonne höher und verwandelt sich in strahlendes Gelb. Wir wandern weiter, ein gelbes Sonnenblumenfeld leuchtet uns entgegen. Wir nehmen das gelbe Licht in uns auf und atmen es tief ein. Unser Sonnengeflecht öffnet sich weit beim Anblick der ihm verwandten Blumen. Wie ein reinigendes Feuer durchlodert die gelbe Energie unseren Körper mitsamt seinen Gefühlen und Emotionen. Bewusst setzen wir uns dem gelben Licht der Sonne und der Blumen aus. Das goldene Sonnenlicht wird wärmer und erinnert uns ans Feuer der inneren Lebensprozesse.

– Stille –

Der Weg führt uns jetzt auf eine Anhöhe. Wir schreiten über eine grüne Wiese dem Waldrand zu. Unter dem grünen Dach einer Buche bleiben wir stehen. Die herabhängenden Zweige mit ihren zartgrünen Blättern umhüllen uns wie ein Zelt. Leise streicht der Wind durch die Blätter, wir lassen uns vom Wind durchwehen. Unser Herz wird weit und nimmt das Grün in sich auf. Wir erinnern uns an das Lied »Nach grüner Farb' mein Herz verlangt«.

– Stille –

Dann wandern wir weiter den Berg hinauf. Oben wölbt sich ein blauer Himmel über uns. Wir legen uns auf den Rücken und lassen uns vom Blau des Himmels einhüllen und durchstrahlen. Im himmlischen Blau begegnet uns die jenseitige Wirklichkeit, die unsere Diesseitigkeit heilend durchdringt.

- Stille -

Wir schreiten weiter und sehen vor uns eine Kapelle. Wir betreten sie und bleiben im Vorraum stehen. Indigoblaue Glasscheiben verleihen dem Raum eine Atmosphäre der Ruhe, wir atmen das indigoblaue Licht ein. Das Indigoblau beruhigt unseren Geist und erweckt in uns eine Ahnung der göttlichen Welt. Wir lassen uns von der Energie dieser Farbe durchdringen.

– Stille –

Dann gehen wir in die Kapelle hinein. Die Sonne scheint durch violette Fensterscheiben. Auf dem Altar steht ein wunderbarer violetter Amethyst. Wir lassen uns vom violetten Licht durchfluten, nehmen es mit dem Atem in uns auf und spüren, wie das Violett unser ganzes Wesen durchdringt. Hier möchten wir bleiben, es ist ganz still, in uns schweigt alles. Wir sind angekommen. Wir sind da. Wir sind hineingenommen in das göttliche Sein.

– Stille –

Noch einmal nehmen wir das violette Licht mit unserem Körper auf, dann gehen wir durch den indigoblau erleuchteten Vorraum und blicken im Freien in den blauen Himmel. Langsam steigen wir den Berg hinunter, über uns das grüne Blätterdach der Buchen.

Wir verlassen den Wald und erblicken das gelbe Sonnenblumenfeld. Am Fluss bleiben wir stehen und schauen ins Wasser, das von der untergehenden Sonne leuchtend-orange gefärbt ist. Dann schreiten wir weiter. Im Abendlicht leuchten uns die roten Mohnblumen entgegen.

Dann verlassen wir die wunderbare innere Realität, bewegen uns leicht, öffnen die Augen und nehmen die äußere, sichtbare Wirklichkeit wieder wahr. Wir machen eine Harmonisierungsübung[15] und kehren in die Realität des Alltags zurück.

Die persönlichen Chakren-Tiere

Innere Tiere

»Heute habe ich etwas Seltsames erlebt«, meinte eine etwa 30-jährige Frau, mit der ich ins Gespräch kam: »Ich habe von einem Adler geträumt, und dann bin ich erwacht und habe gemerkt, dass ich nicht nur von einem Adler geträumt habe, sondern dass ich ein Adler bin. Ich hatte Flügel statt Arme und Hände, ich spürte, wie die Sehnen sich streckten und wie ich die Flügel kraftvoll bewegen konnte. Mein Leib war gefiedert und anstelle von Füßen hatte ich Krallen, statt des Mundes spürte ich einen kräftigen, gebogenen Schnabel und mit meinen Augen sah ich viel schärfer als gewöhnlich. Ich konnte selbst auf große Entfernungen Details klar erkennen. Ich war ein Adler.«

Während mir jene Frau diese Erfahrung mitteilte, dachte ich an das Buch von Otfried Preussler »Krabat«, in dem der Autor erzählt, wie einige Müllersburschen in Raben verwandelt werden und dabei Ähnliches erleben wie jene Frau.[1]

Ich dachte auch an das Märchen von den sieben Raben und an andere Märchen, in denen Menschen in Tiere verwandelt werden. Vor allem dachte ich jedoch an indianische Schamanen, denen ich begegnet bin, und die ganz ähnliche

Erfahrungen gemacht haben. Sie haben mir diese Erfahrungen so real geschildert, dass ich zunächst nicht wusste, ob sie wirklich in Tiere verwandelt worden waren oder ob es sich um ein extrem realistisches innerseelisches Erleben handelte. Ich dachte auch an eine Frau aus einem Schweizer Dorf, die immer mit einem Kopftuch herumlief, weil ihr ein Ohr fehlte. Man erzählte sich, dass jene Frau die Fähigkeit gehabt habe, sich in einen Hasen zu verwandeln. Dabei sei ihr einmal von einem Jäger ein Ohr abgeschossen worden.

Tiere begegnen mir auch in meinen eigenen Träumen und in den Träumen, die mir andere Menschen erzählen. In diesen Träumen gibt es Katzen, Hunde, Frösche, Schlangen, Elefanten, Bären, Pferde, Tiger, Löwen, Skorpione, Füchse, Hasen, Fische, Vögel, Insekten, Reptilien – alles, was da kreucht und fleucht.

Wenn ich selber von einem Tier träume, dann versuche ich manchmal beim Erwachen, mich in dieses Tier hineinzuversetzen. Ich bin dann immer wieder erstaunt, dass es mir tatsächlich gelingt, mich als Bär oder Adler, oder auch als Walfisch oder Schlange zu erleben.

Dass es sich hierbei nicht um Spielereien handelt, sondern dass diese Tiere – wie im Märchen – innere Helfer sein können, erlebte ich einmal recht eindrücklich: Ich besuchte einen Schamanen-Kurs, in dem es darum ging, sich unter den dumpfen Klängen einer Schamanentrommel in den Alpha-Zustand zu versetzen (d.h. in einen Zustand zwischen Wachen und Schlafen) und dann ein Tier zu imaginieren. Da ich von meinem Namen her schon immer eine besondere Vorliebe für Adler hatte (Ar-nold heißt: »der die Adler beherrscht«), dachte ich, dass ich einen Adler imaginieren würde. Zu meinem Erstaunen tauchte jedoch aus meinem Innern ein großer, behäbiger Braunbär auf. Und so war ich während des ganzen Kurses ein Bär und erlebte vor allem die träge und gemütliche Seite dieses Bären. Dieser Zustand dauerte noch an, als ich im Anschluss an jenen Kurs eine Versammlung besuchte, bei der ich für einen ehrenvollen Vorstandsposten vorgeschlagen werden sollte. Meiner ehrgeizigen Adlerseite erschien dieser Posten recht erstrebenswert, aber ich lebte noch zu sehr in der trägen Bärenseite und lehnte deshalb ab. Hinterher habe ich mich geärgert. Ich war wütend auf »diese blöde Bären-Imagination«, die mir den Posten im Vorstand vermasselt hatte. Doch einige Wochen später merkte ich, welchen Aufwand an Zeit und Kraft mich dieser Posten gekostet hätte. Ich war heilfroh, dass ich abgelehnt hatte. Noch heute bin ich meinem lieben, gemütlichen und bequemen Bären dankbar, dass er mich vor einer Fehlentscheidung bewahrt hat.

Tiere begegnen uns auch in den Chakrensymbolen. So der Elefant im Wurzelchakra, der Leviathan im Polaritätschakra, der Widder im Sonnengeflechtschakra, die Antilope im Herzchakra und noch einmal der Elefant im Halschakra. Diese Tiere charakterisieren die psychologische Bedeutung der einzelnen Chakren. Die vier unteren Tiere verkörpern zugleich die Elemente Erde, Wasser, Feuer und Luft.

Tiere als Symbole der Elemente begegnen uns auch in der Astrologie. So verkörpert der *Stier* die Erde, der *Adler* (oder Skorpion/Drache) das Wasser, der *Löwe* das Feuer und der *Mensch* die Luft. (Der Mensch wird also auch zu den Tieren gerechnet!)

In der Bibel sind diese Elemente-Tiere göttliche Thronwächter und Urbilder des Kosmos[2]. Tiere gehören also unmittelbar zu Gott – sie haben Anteil an der Heiligkeit Gottes.

Tiere begegnen uns somit in Träumen, in Imaginationen, in den Chakrensymbolen, in der Astrologie (wo das ganze

Jahr als *Tier*-Kreis – griechisch: Zodiakos – beschrieben wird) und in den vier biblischen Tieren, die identisch sind mit den Elemente-Tieren des Tier-Kreises.

Während die Tiere der Chakrensymbole jeweils einem ganz bestimmten Chakra zugeordnet sind, also objektive Vertreter der jeweiligen Chakren sind, haben die Tiere in unseren Träumen und Imaginationen subjektiven Charakter. Es sind unsere ganz persönlichen Tiere. Nun kam in den 80er-Jahren der amerikanische Psychologe E.S. Galegos auf die Idee, die Chakren nicht mit den *traditionellen* Chakren-Tieren, sondern mit den *persönlichen* Chakren-Tieren zu verbinden.[3]

Diese Idee leuchtet ein, denn in der Astrologie und bei den Chakrenfarben ist es ja ganz ähnlich. In der Astrologie gibt es neben dem Ideal-Horoskop das persönliche Horoskop. Dabei geht es darum, dass ich mich auf dem Hintergrund des Ideal-Horoskops mit meinem persönlichen Horoskop auseinander setze – als Ausgangspunkt meines Individuationsweges.[4] Ebenso gibt es bei den Chakrenfarben neben den Regenbogenfarben auch die persönlichen Farben, die – wenn wir sie mit den Regenbogenfarben vergleichen – Aufschluss über den jeweiligen Zustand des betreffenden Chakras geben können. In ähnlicher Weise kann ich mich auf dem Hintergrund der »Ideal«-Chakren-Tiere mit meinen persönlichen Chakren-Tieren auseinander setzen. Wenn mir zum Beispiel im Wurzelchakra statt des Elefanten eine Nachtigall begegnen würde, dann müsste ich mir wahrscheinlich die Frage stellen, wie es mit meiner Beziehung zur Erde steht und wie ich in der Realität dieser Welt verwurzelt bin.

Als ich begann, auch andere Menschen zu ermutigen, ihren persönlichen Chakren-Tieren zu begegnen, war ich höchst erstaunt. Alle – ohne Ausnahme – reagierten äußerst positiv auf diesen Zugang zu ihrem Unbewussten. Recht schnell merkte ich, dass wir diese Tiere gar nicht zu imaginieren brauchen, denn sie sind längst da und zeigen sich auch, sobald wir an ihnen interessiert sind.

Wenn wir uns über eine gewisse Wegstrecke hin mit diesen Tieren befassen, werden wir merken, dass die persönlichen Chakren-Tiere keine bedeutungslosen Phantasiegebilde, sondern innere Helfer sind, die etwas aussagen über den Zustand des seelischen Bereichs, in dem wir sie imaginieren. Wenn uns nun eines dieser Tiere aus irgendwelchen Gründen problematisch erscheint, dann können wir uns in dieses Tier hineinversetzen, wir können es mit den anderen persönlichen Chakren-Tieren in Verbindung bringen und dann erleben, dass Veränderung und Heilung geschieht. So berichtet Galegos von einer Frau mit einer gepressten und verkrampften Stimme. Sie imaginierte im Halschakra eine Maus. Als jene Frau die Maus fragte, was sie brauche, sagte die Maus, dass ihr Schlupfloch zu klein sei, ob sie es größer machen könne? Tatsächlich gelang es der Frau, in ihrer Vorstellung das Loch auszudehnen – und ihre Stimme wurde dabei voller und tiefer.[5]

Beim Imaginieren ist es wichtig, dass wir die Tiere einfach kommen lassen – ohne die Imagination durch Wunschvorstellungen zu beeinflussen. Jedes Tier, das ohne unser Zutun kommt, ist genau das Tier, das jetzt für uns wichtig ist – auch wenn wir dies nicht sofort verstehen. Sollte einmal ein »unechtes« Tier auftauchen, dann brauchen wir keine Angst zu haben. Es verschwindet wieder, um dem »echten« Tier Platz zu machen.

Gelegentlich kann es auch geschehen, dass statt eines Tieres ein Gegenstand aus unserem Unbewussten auftaucht. So imaginierte z.B. ein 12-jähriger Junge einen Löffel und eine

Gabel. Auf die Frage des Lehrers, der mit seinen Schülern diese Imagination durchführte, was nun mit dem Löffel und mit der Gabel geschehe, antwortete der Junge: »Ich rolle damit den Regenbogen auf – wie Spaghetti –, um ihn zu essen.«[6] Diese Imagination macht deutlich, dass der Junge dabei war, den Regenbogen (= Symbol der psychischen Ganzheit) zu internalisieren, umso zu einer für sein Alter stimmigen Ausgewogenheit von Leib, Seele und Geist zu finden.

Wir begegnen unseren Tieren

Wie können wir unseren persönlichen Chakren-Tieren begegnen? Hier ist ein Vorschlag:

○ *Wir setzen oder legen uns bequem hin. (Falls wir diese Imagination in einer Gruppe durchführen, können wir uns durch eine Entspannungsübung oder durch eine dumpfe Trommel in den Alpha-Zustand versetzen.)*

○ *Wir richten unsere Aufmerksamkeit auf das Wurzelchakra und bitten das Tier, das dort wohnt, sich zu zeigen. Wir lassen dem Tier viel Zeit. (Manche Tiere sind scheu und zeigen sich erst ganz allmählich.) Wir beobachten aufmerksam das Verhalten dieses Tieres.*

○ *Wir nehmen Kontakt zu diesem Tier auf und fragen es, was es braucht.*

○ *Wir versuchen in der Imagination dem Tier das zu geben, was es braucht.*

○ *Wir fragen das Tier, ob es uns etwas geben möchte, was wir brauchen.*

○ *Wenn uns das Tier etwas gibt, nehmen wir es dankbar an.*

○ *Falls es keine weiteren Fragen mehr gibt, verabschieden wir uns von unserem Tier.*

○ *Wir gehen weiter zum nächsten Chakra und bitten das Tier, das dort wohnt, sich zu zeigen. Wir verfahren nun in gleicher Weise wie beim Wurzelchakra auch mit dem zweiten Chakra und mit den anderen Chakren. (Die Reihenfolge ist nicht starr festgelegt. Wir können z.b. auch mit dem Sonnengeflechtschakra beginnen und dann zum Polaritäts- und Wurzelchakra weiter schreiten. In der Regel sollten wir uns jedoch zuerst den unteren und dann den oberen Chakren zuwenden.)*

○ *Wenn wir beim Kronenchakra angelangt sind, vergegenwärtigen wir uns noch einmal alle sieben Chakren-Tiere und danken ihnen, dass sie mit uns Kontakt aufgenommen haben.*

*

Das Ernstnehmen unserer inneren Tieren verleiht unserem Leben eine neue Qualität. So meint C.G. Jung: »Wenn jeder Einzelne ein besseres Verhältnis zu seinem ›Tiere‹ hätte, so hätte er eine andere Wertschätzung des Lebens.«[7]

Der »Heilkreis«

○ *Falls ein Tier an einem ungewöhnlichen Ort wohnt (z.B. ein Vogel im Wurzelchakra oder ein Pferd im Kronenchakra) oder sich ungewöhnlich verhält (z.B. behindert, krank, ängstlich oder aggressiv ist) oder falls Probleme im Einzelgespräch mit den Tieren nicht geklärt werden konnten, dann fragen wir alle Tiere der Reihe nach, ob sie bereit sind, einen »Heilkreis« zu bilden und ob jetzt der richtige Zeitpunkt für eine solche Zusammenkunft ist.*

○ *Falls die Tiere damit einverstanden sind, fragen wir das Tier im Kronenchakra, ob es bereit ist, eine solche Versammlung einzuberufen.*

○ *Falls das Kronenchakra-Tier damit einverstanden ist, bestimmt es den Ort, an dem die Versammlung stattfinden soll und lädt alle Tiere dazu ein.*

○ *Wir beobachten die Tiere, wie sie zum Versammlungsort kommen, wie sie einen Kreis bilden und wer neben wem in diesem Kreis sitzt oder liegt. (Manche Tiere bevorzugen einen Platz auf einem Baum.)*

○ *Wir selber sind auch mit im Kreis. Wo ist unser Platz? Wer sitzt neben uns? Wer sitzt uns gegenüber? Wir begrüßen die Tiere, danken ihnen für ihr Kommen und dafür, dass wir mit dabei sein dürfen.*

○ *Wir sagen jetzt den Tieren, was uns bewegt (z.B. »Wolf, ich habe Angst vor dir!« oder »Nachtigall, es stört mich, dass du im Wurzelchakra wohnst!«) und erwarten dann eine Antwort von dem betreffenden Tier und von den anderen Tieren.*

○ *Wir lassen jetzt die Tiere reden und handeln. Es ist oft ganz erstaunlich, wie weise die Tiere sind und wie sie Probleme lösen, die wir nicht lösen konnten.*

○ *Falls wir den Eindruck haben, dass die Tiere etwas falsch machen, sagen wir dies den Tieren. Falls ein Tier uns schaden (oder auffressen) will, lassen wir dies nicht zu. Die Tiere sind zwar oft weiser als wir und können oft helfen, wo wir nicht helfen können, aber sie sind nicht die Herren in unserem Haus. Sie sind innere Helfer. Das Zepter haben wir in der Hand. Wir gebrauchen unsere Autorität jedoch nur, wenn die Tiere uns schaden wollen (was äußerst selten der Fall ist). Oft verwandeln sich während der Heilkreiszusammenkünfte (oder danach) aggressive Tiere in hilfreiche Tiere!*

○ *Falls es keine weiteren Fragen mehr gibt, bedanken wir uns bei den Tieren und lassen sie in Frieden ziehen.*

Der Weg der Chakren in Bibel und Märchen

Der Weg Jesu im Spiegel der Chakren

Wenn das Neue Testament sagt, dass Jesus ein »Leitbild« für uns ist, und dass wir »in seine Fuß-Spuren« treten können[1], dann drückt es damit aus, dass der Weg Jesu Urbild unseres Weges ist.

C.G. Jung sagt es so: »Christus lebte ein konkretes, persönliches und einmaliges Leben, das aber zugleich in allen wesentlichen Zügen archetypischen Charakter hat [...] Insofern nun das Christusleben in hohem Maße archetypisch ist, stellt es in ebenso hohem Maße das Leben des Archetypus dar. Da aber Letzterer die unbewusste Voraussetzung jedes menschlichen Lebens ist, so wird durch sein geoffenbartes Leben auch das geheime unbewusste Leben jedes Einzelnen offenbar, d.h., was im Christusleben geschieht, ereignet sich immer und überall. Im christlichen Archtypus ist mit anderen Worten alles Leben dieser Art vorgebildet und immer wieder oder ein für alle Male ausgedrückt.«[2] Der Weg Jesu ist also Urbild unseres Weges und damit auch Urbild des Individuationsprozesses, wie er sich in den Chakren-Symbolen spiegelt.

Die Chakren sind deshalb nicht nur unserem Körper eingestiftete »Gedächtnisstützen« des Individuationsweges, sondern auch des Weges Jesu.

Das *Wurzelchakra* erinnert an die Tatsache, dass Jesus ganz
Mensch ist, mit allen körperlichen und seelischen Regungen
und mit allen familiären und sozialen Einbindungen.

Das *Polaritätschakra* erinnert daran, dass Jesus auch um die
Mächte des Unbewussten weiß. Er weiß, dass aus dem »Herzen« (= aus dem Unbewussten) »arge« Gedanken kommen[3]
und in das Bewusstsein drängen[4].

Das *Sonnengeflechtschakra* erinnert an die Auseinandersetzung
Jesu mit Versuchungen, die ihn bedrängen und ihn von dem
Weg abziehen wollen, der ihm vorgezeichnet ist.[5]

Das *Herzchakra* erinnert daran, dass Jesus diese Versuchungen
immer wieder überwindet und die einander befehdenden
inneren Kräfte jeweils in eine »conjuncio oppositorum« (»Vereinigung der Gegensätze«) als dynamische Polarität zusammenbringt.

Das *Halschakra* erinnert an Worte[6] und Taten[7] Jesu, in denen
deutlich wird, dass sich im irdisch Zeitlichen das ewig Himmlische spiegelt.

Das *Stirnauge* erinnert daran, dass Jesus ständig auf seine
innere Stimme lauschte, um den Willen seines wahren Selbst
(»den Willen Gottes«) zu erkennen und zu tun.

Das *Kronenchakra* erinnert daran, dass Jesus alle Erfahrungen
seines Erdenlebens in den »Himmel« einbringt und dadurch
mit der Gottheit vereinigt. In der Chakren-Meditation können
wir diese Stationen des Weges Jesu nacherleben.[8] Dazu wollen
die folgenden Meditationen eine Anleitung geben:

Wurzelchakra: In der Erde verwurzelt

Einstimmung

Wir richten unsere Aufmerksamkeit auf das Wurzelchakra und erinnern uns daran, dass es Symbol ist für unsere Verwurzelung in der Erde und in der Welt.

Wie wir, war auch Jesus in der Erde und in der Welt verwurzelt. Er lebte zu einer bestimmten Zeit in einem bestimmten Land. Er gehörte zu einer bestimmten Familie und zu einem bestimmten Volk. Er hatte Vorfahren, Verwandte und Freunde, er besuchte die Schule und erlernte einen Beruf. Wie wir, begegnete Jesus den Freuden und Schwierigkeiten des Alltags. Von manchen Menschen wurde er verstanden, von anderen missverstanden. Die Welt, in der Jesus lebte, war eine Welt voller Möglichkeiten, die Tag für Tag ergriffen und gelebt werden wollten.

Wie für Jesus, geht es auch für uns darum, dass wir den Auftrag erfüllen, der unseren Möglichkeiten und Fähigkeiten entspricht, und dadurch mitwirken an der Gestaltung und der Erhaltung der Erde.

Meditation

Wir richten unsere Aufmerksamkeit auf das Wurzelchakra und stellen uns vor, dass es sich wie eine Blume öffnet. Rotes Licht strömt durch das geöffnete Chakra in uns ein.

Wir denken oder sprechen:

»Wie Jesus bin ich verwurzelt in der Erde.«

– Stille –

Polaritätschakra: Ausgespannt zwischen den Polen

Einstimmung

Wir richten unsere Aufmerksamkeit auf das Polaritätschakra und erinnern uns daran, dass es Symbol ist für unser Ausgespanntsein zwischen den Polen.

Auch Jesus erfährt die Welt, in der er lebt, als eine zwiespältige Welt. Schon als Zwölfjähriger erfährt er, dass es neben der äußeren Stimme seiner Eltern, die von ihm Gehorsam erwarten, eine innere Stimme gibt, die der äußeren übergeordnet ist.

Wie wir, erlebt Jesus den Konflikt zwischen dem, was Menschen von ihm erwarten, und dem, wozu Gott ihn ruft.

Bei seiner Taufe erlebt Jesus aber auch Gott als einen zwiespältigen Gott. Er erlebt ihn als den hellen Gott, der zu ihm sagt: »Du bist mein lieber Sohn, an dem ich Wohlgefallen habe.«[9], und als den dunklen Gott, der ihn in die Wüste treibt, damit ihn der Teufel versuche[10].

Auch in sich selber erlebt Jesus diesen Zwiespalt. Es heißt von ihm, dass er – wie wir – »dem Fleisch der Sünde gleich gestaltet«[11] ist. Das bedeutet, dass er um die Mächte des Unbewussten weiß und – wie wir – ausgespannt ist zwischen den Polen.

Meditation

Wir richten unsere Aufmerksamkeit auf das Polaritätschakra und stellen uns vor, dass es sich wie eine Blume öffnet.
Oranges Licht strömt durch das geöffnete Chakra in uns ein.

Wir denken oder sprechen:

»Wie Jesus bin ich ausgespannt zwischen den Polen.«

– Stille –

Sonnengeflechtschakra: Die Gegensätze vereinigen

Einstimmung

Wir richten unsere Aufmerksamkeit auf das Sonnengeflechtschakra und erinnern uns daran, dass es Symbol ist für den Prozess der Vereinigung der Gegensätze.

»Jesus war versucht wie wir.«[12] Er kennt – wie wir – die Versuchung, sich anzupassen und den Weg des geringsten Widerstandes zu gehen. Aber er widersteht dieser Versuchung und geht seinen eigenen Weg, den Weg, der ihm vorgezeichnet ist.

Jesus kennt aber auch – wie wir – die Versuchung zur Einseitigkeit, sich zur einen oder anderen Gruppierung zu bekennen und die Gegenpartei zu bekämpfen. Aber Jesus widersteht dieser Versuchung und geht seinen eigenen Weg, indem er die Pole in sich versöhnt und damit auch zur Versöhnung der Pole in seiner Umgebung beiträgt.[13]

Meditation

Wir richten unsere Aufmerksamkeit auf das Sonnengeflechtschakra und stellen uns vor, dass es sich wie eine Blume öffnet. Gelbes Licht strömt durch das geöffnete Chakra in uns ein.

Wir denken oder sprechen:

»Wie Jesu widerstehe ich der Versuchung zur Anpassung und zur Einseitigkeit.«

– Stille –

Herzchakra: »Frieden« erfahren

Einstimmung

Wir richten unsere Aufmerksamkeit auf das Herzchakra und erinnern uns daran, dass es Symbol ist für den Frieden als dynamische Polarität.

Indem Jesus der Versuchung zur Anpassung und zur Polarisierung widersteht, verbindet er die gegensätzlichen Pole zu einer dynamischen Polarität. »Frieden« hat nichts mit abstrakter »Ruhe« zu tun, sondern ist Energie, die durch das spannungsgeladene Gleichgewicht der Pole gekennzeichnet ist.[14] Jesus steht über den Polen denken und fühlen, empfinden und intuieren, extravertiert und introvertiert, männlich und weiblich, arm und reich, hungern und satt sein, Schmerz und Wohlbefinden, Liebe und Zorn, Trauer und Glücksgefühl, Leid und Freude, leben und sterben. Friede als polare Dynamik regiert in seinem Herzen. Diesen Frieden können auch wir jeweils erfahren, so oft es uns gelingt, die Gegensätze in uns zu vereinigen. Der Friede Gottes regiert dann auch in unserem Herzen.

Meditation

Wir richten unsere Aufmerksamkeit auf das Herzchakra und stellen uns vor, dass es sich wie eine Blume öffnet. Grünes Licht strömt durch das geöffnete Chakra in uns ein.

Wir denken oder sprechen:

»Wie im Herzen Jesu regiert der Friede Gottes auch in meinem Herzen.«

– Stille –

Halschakra: Dem Symbol begegnen

Einstimmung

Wir richten unsere Aufmerksamkeit auf das Halschakra und erinnern uns daran, dass es Symbol ist für das Ineinander der diesseitigen und jenseitigen Wirklichkeit.

Für Jesus sind die vielfältigen Erscheinungen der diesseitigen irdischen Welt Gleichnisse für die jenseitige himmlische Welt. Jesus selber ist Ursymbol für das Miteinander und Ineinander der menschlichen und göttlichen Wirklichkeit. Er ist ganz Mensch und hat Anteil an allem, was irdisch und menschlich ist. Er ist aber auch ganz »Gott« und hat Anteil an allem, was göttlich und himmlisch ist.

Indem wir diese Christus-Wirklichkeit auf uns wirken lassen und sie mehr und mehr in allem Irdischen erkennen, werden wir selber in das Bild Christi umgestaltet »von einer Klarheit zur andern«[15].

Meditation

Wir richten unsere Aufmerksamkeit auf das Halschakra und stellen uns vor, dass es sich wie eine Blume öffnet. Blaues Licht strömt durch das geöffnete Chakra in uns ein.

Wir denken oder sprechen:

»Nach dem Vorbild Jesu
begegnet mir im Irdischen das Himmlische.«

– Stille –

Stirnauge: Eins werden mit dem inneren Wollen

Einstimmung

Wir richten unsere Aufmerksamkeit auf das Stirnauge und erinnern uns daran, dass es Symbol ist für das Einswerden unseres Wollens mit dem göttlichen Willen.

Das Leben Jesu ist geprägt von seinem Streben nach Übereinstimmung seines Wollens mit dem göttlichen Willen. So kann er sagen: »Meine Speise besteht darin, dass ich den Willen dessen tue, der mich gesandt hat, und sein Werk vollende.«[16] Oder »Ich bin vom Himmel gekommen, nicht dass ich meinen Willen tue, sondern den Willen dessen, der mich gesandt hat.«[17]

Das Wirken Jesu ist somit ein Handeln in Übereinstimmung mit der Stimme seines wahren Selbst, d.h. mit der Stimme Gottes.

Und wie können wir zu einer solchen Übereinstimmung des Wollens unseres Ich und des Wollens Gottes (= unseres wahren Selbst) kommen? Im Gebet. Der dänische Theologe Kierkegaard hat dies einmal so ausgedrückt: »Der Beter ringt mit Gott im Gebet und siegt dadurch, dass Gott in ihm siegt.«[18] Dass ein solches »Ringen mit Gott« bis zum Äußersten gehen kann, zeigt der Gebetskampf Jesu in Gethsemane. Jesus war auch hier ganz Mensch.

Meditation

Wir richten unsere Aufmerksamkeit auf das Stirnauge und stellen uns vor, dass es sich wie eine Blume öffnet. Indigoblaues Licht strömt durch das geöffnete Chakra in uns ein.

Wir sprechen oder denken:

»Wie Jesus folge ich meiner inneren Stimme.«

– Stille –

Kronenchakra: Vereinigt mit Gott

Einstimmung

Wir richten unsere Aufmerksamkeit auf das Kronenchakra und erinnern uns daran, dass es Symbol ist für die Vereinigung mit Gott.

Ausdruck für die Vereinigung mit Gott ist die Himmelfahrt Jesu. Jesus bringt all das in den Himmel, was er sich in seinem Leben auf der Erde und bei seinem Abstieg in die Unterwelt einverleibt hat. Die Himmelfahrt ist die Gegenbewegung zu seiner Menschwerdung. Bei seiner Menschwerdung hat Jesus den Himmel auf die Erde gebracht, bei seiner Himmelfahrt nimmt er die transformierte Erde mit zurück in den Himmel.

Auch wir können in Verbindung mit dem in uns lebenden Christus in unsere eigene Tiefe hinabsteigen und all das Abgespaltene und Verdrängte ans Tageslicht bringen und so zu unserer Ganzheit finden.

Der erhöhte Christus lebt in uns als Urbild unseres wahren Selbst. Mit ihm sind wir vereinigt in Gott.

Meditation

Wir richten unsere Aufmerksamkeit auf das Kronenchakra und stellen uns vor, dass es sich wie eine Blume öffnet. Violettes Licht strömt durch das geöffnete Chakra in uns ein.

Wir denken oder sprechen:

»Wie Jesus lebe und webe ich in Gott.«

– Stille –

Das Vaterunser
als Chakren-Meditation

In meinem Buch »Das Vaterunser. Erlebt im Licht von Tiefenpsychologie und Chakren-Meditation« (Kösel-Verlag, München [4]1997) habe ich ausführlich beschrieben, wie ich die Vaterunser-Chakren-Meditation entdeckt habe. Seither sind viele Jahre vergangen. Unzählige Menschen haben unterdessen durch dieses Buch und durch ihre eigenen Erfahrungen mit der Vaterunser-Chakren-Meditation einen neuen Zugang zum Vaterunser gefunden und es neu verstehen, lieben und beten gelernt. Die Vaterunser-Chakren-Meditation soll deshalb auch einen Platz in diesem Buch haben.

Jesus hat dieses Gebet Menschen gelehrt, die durch seine Botschaft Gott in neuer Weise begegnet sind. Es waren Menschen, die in dieser Welt verwurzelt waren und mit wachen Sinnen in der Realität des Alltags lebten. Als Fischer und Bauern, als Hausfrauen und Gesellschafterinnen, als Freiheitskämpfer und Kollaborateure lebten sie in der Welt, in der das gilt, was »feststeht«. (Das ist die Bedeutung von »Amen«.) Und so beten sie »Amen«.

Mitten in dieser AMEN-Welt, mitten im tätigen Alltag hat Gott durch Jesus zu ihnen gesprochen und sie in der Tiefe aufgewühlt. In der Begegnung mit Jesus sahen sie ihr Leben in einem neuen Licht. Sie erkannten ihre Einseitigkeit und Unerlöstheit, sie erkannten sich trotz ihrer Tüchtigkeit im Beruf als »Sünderinnen« und »Sünder«, die am Ziel ihres Lebens vorbei lebten[19]. Sie sehnten sich in der Tiefe ihrer Seele nach Erlösung, sodass sie zu Gott schrien »ERLÖSE UNS VON DEM BÖSEN«.

Es waren Menschen, die sich auf den Weg machten, um Jesus nachzufolgen. Dabei entdeckten sie, dass dies kein einfacher Weg war, sondern dass immer wieder Versuchungen auf sie zukamen, denen sie zu erliegen drohten[20]. Und so flehten sie zu Gott »FÜHRE UNS NICHT IN VERSUCHUNG«.

Im Zusammensein mit Jesus erlebten sie aber auch, dass Gott ihnen immer wieder ihre Verfehlungen vergab und sie lernten es, auch anderen Menschen zu vergeben[21]. Und so beteten sie immer wieder neu zu Gott »VERGIB UNS UNSERE SCHULD, WIE AUCH WIR VERGEBEN UNSEREN SCHULDIGERN«.

Im Zusammensein mit Jesus machten sie auch die Erfahrung, dass sie niemals Mangel an irdischen Gütern hatten[22] und dass Gott reichlich Brot gab, um den Hunger der Vielen zu stillen[23]. Das irdische Brot wurde ihnen zum Gleichnis für das himmlischen Brot, dessen ihre Seele ebenso bedurfte wie ihr Leib des irdischen Brotes[24]. Und sie beteten »UNSER TÄGLICHES BROT GIB UNS HEUTE«, und sie meinten mit diesem »Brot« sowohl das irdische als auch das himmlische Brot[25].

Im Zusammensein mit Jesus erwachte in ihnen auch die Sehnsucht nach dem Reich Gottes, von dem Jesus immer wieder sprach und sie erkannten, dass das Reich Gottes dort anbrach, wo der Wille Gottes geschah. Und so beteten sie »DEIN REICH KOMME – DEIN WILLE GESCHEHE, WIE IM HIMMEL SO AUF ERDEN«.

Im Zusammensein mit Jesus lernten sie schließlich und vor allem Gott neu kennen. Sie gewannen Vertrauen zu ihm wie zu einem liebenden Vater. Sie erkannten aber auch, dass Gott nicht nur der »Abba« (»Papa«) ist, der ihnen freundlich zugewandt ist und sie immer wieder mitten in ihrem irdischen

Alltag den »Himmel« erleben lässt, sondern auch der ganz andere, der den Kosmos durchwaltet und vor dessen Heiligkeit die Engel ihr Angesicht verhüllen. Sie erkannten, dass dieser Gott mit keiner irdischen Erfahrung verglichen und gleichgesetzt werden kann, sondern dass sein »Name« über allen Namen und unaussprechlich ist. Und so beteten sie Gott an: »UNSER VATER IM HIMMEL – DEIN NAME WERDE GEHEILIGT«.

Wie gesagt, Jesus lehrte dieses Gebet Menschen, die in der Begegnung mit ihm, Erfahrungen mit Gott und mit sich selber gemacht hatten und deshalb »rückblickend«[26] beten konnten:

Unser Vater im Himmel.
Geheiligt werde dein Name.
Dein Reich komme.
Dein Wille geschehe
wie im Himmel so auf Erden.
Unser tägliches Brot gib uns heute.
Und vergib uns unsere Schuld,
wie auch wir vergeben unsern Schuldigern.
Und führe uns nicht in Versuchung,
sondern erlöse uns von dem Bösen.
Amen.

Im Laufe der Jahrhunderte wurde jedoch dieses wunderbare Gebet von vielen »gebetet«, für die seine Aussagen nicht mehr auf persönlichen Glaubenserfahrungen beruhten. Es wurde dadurch zu einer (manchmal sogar »magischen«) Formel, die heruntergeleiert wurde. So wurde es auch Menschen entfremdet, die sich auf den Weg gemacht hatten, um Gott und sich selber zu begegnen. In der Vaterunser-Chakren-Meditation begegnen solche Menschen dem Gebet Jesu in einer ganz neuen Weise. Die einzelnen Aussagen des Vaterunsers – beginnend mit dem AMEN – werden für sie zu Erinnerungspunkten und Gedächtnisstützen für ihren Weg zur Ganzwerdung, den sie gegangen sind und immer noch gehen. Sie erleben in der Vaterunser-Chakren-Meditation Stationen ihres Weges zu Gott und zu sich selber.

Die folgenden Texte wollen Anregungen und Hilfen für die Meditation bieten:

Wurzelchakra: Amen

Einstimmung

Wir leben in dieser Welt.
Wir leben jetzt in diesem Augenblick.
Wir leben auf dieser Erde.
Sie ist unsere Mutter.
Wir spüren, dass die Erde uns trägt.
Wir sind an unserem Platz
fest in der Erde verwurzelt.
Wir packen die Aufgabe an,
die uns jetzt vor die Füße gelegt ist.

Meditation

Wir richten unsere Aufmerksamkeit
auf das Wurzelchakra
und stellen uns vor,
dass es sich wie eine Blüte öffnet.
Rotes Licht
strömt durch das geöffnete Chakra
in uns ein.

Wir denken oder sprechen dabei:

AMEN.

Polaritätschakra: Erlöse uns von dem Bösen

Einstimmung

Wir leben in einer gespaltenen Welt.
Wir grenzen uns ab
gegen Menschen, die uns bedrohen.
Wir werden aber auch bedroht
von unserem eigenen Schatten.
Wir wissen, dass solche Polarisierungen
»böse« sind.
Wir sehnen uns deshalb nach der Erlösung
aus dieser Gespaltenheit.
Wir sehnen uns nach Ganzheit.

Meditation

Wir richten unsere Aufmerksamkeit
auf das Polaritätschakra
und stellen uns vor,
dass es sich wie eine Blüte öffnet.
Oranges Licht
strömt durch das geöffnete Chakra
in uns ein.
Wir bitten Gott:

ERLÖSE UNS VON DEM BÖSEN.

Sonnengeflechtschakra:
Führe uns nicht in Versuchung

Einstimmung

Sich dem Geist Gottes öffnen heißt:
Ja sagen zur Veränderung.
Immer wieder stehen wir in der Versuchung,
an der Einseitigkeit festzuhalten,
statt die rechte Mitte zu finden;
oder festzuhalten am Alten,
Liebgewordenen, aber Überholten,
statt es in den Tod zu geben,
damit Neues entsteht.

Meditation:

Wir richten unsere Aufmerksamkeit
auf das Sonnengeflechtschakra
und stellen uns vor,
dass es sich wie eine Blüte öffnet.
Gelbes Licht
strömt durch das geöffnete Chakra
in uns ein.

Wir bitten dabei Gott:

FÜHRE UNS NICHT IN VERSUCHUNG.

Herzchakra: Vergib uns unsere Schuld, wie auch wir vergeben unsern Schuldigern

Einstimmung

Wir denken jetzt an Situationen, in denen wir das Ziel unseres Lebens verfehlt haben, wo wir den Versuchungen erlegen sind, wo wir uns selbst nicht treu waren, wo wir nein gesagt haben zu den Impulsen unseres wahren Selbst.
Wir bringen diese Zielverfehlungen zum Kreuz Christi.
Das Kreuz ist ein Symbol der Ganzheit.
Im Kreuz sind das Ja und das Nein zu einem Ganzen geworden.
Im Kreuz sind alle Zielverfehlungen aufgehoben, unsere eigenen und die unserer Mitmenschen.

Meditation

Wir richten unsere Aufmerksamkeit
auf das Herzchakra
und stellen uns vor,
dass es sich wie eine Blüte öffnet.
Grünes Licht
strömt durch das geöffnete Chakra
in uns ein.

Wir bitten dabei Gott:

**VERGIB UNS UNSERE SCHULD,
WIE AUCH WIR VERGEBEN
UNSERN SCHULDIGERN.**

Halschakra: Unser tägliches Brot gib uns heute

Einstimmung

Wir alle leben vom irdischen Brot.
Wir sind dadurch verbunden
mit unserer Mutter Erde
und mit allen ihren Kindern.
Alles irdische Brot
ist Abbild des himmlischen Brotes,
das unseren inneren Menschen ernährt.
Wir sind dadurch verbunden
mit allen Menschen,
die sich für den Geist Gottes öffnen.

Meditation

Wir richten unsere Aufmerksamkeit
auf das Halschakra
und stellen uns vor,
dass es sich wie eine Blüte öffnet.
Blaues Licht
strömt durch das geöffnete Chakra
in uns ein.

Wir bitten dabei Gott:

UNSER TÄGLICHES BROT GIB UNS HEUTE.

Stirnauge: Dein Wille geschehe wie im Himmel so auf Erden. Dein Reich komme.

Einstimmung

Unser Blick ist immer wieder gefangen
von der sichtbaren Wirklichkeit.
Wir wissen jedoch,
dass das Eigentliche für die äußeren Augen
unsichtbar ist.
Wir öffnen deshalb unser inneres Auge,
um den Willen Gottes zu erkennen
und um sein Reich zu schauen.

Meditation

Wir richten unsere Aufmerksamkeit
auf das Stirnauge
und stellen uns vor,
dass es sich wie eine Blüte öffnet.
Indigoblaues Licht
strömt durch das geöffnete Chakra
in uns ein.

Wir bitten dabei Gott:

DEIN WILLE GESCHEHE,

WIE IM HIMMEL SO AUF ERDEN:

DEIN REICH KOMME.

Kronenchakra: Unser Vater im Himmel, geheiligt werde dein Name

Einstimmung

In dir, Gott,
ist alles enthalten:
Die Erde und der Himmel,
Die Mutter und der Vater,
Das Weibliche und das Männliche,
Das Dunkle und das Helle.
Indem wir mit dir, Gott,
verbunden sind,
haben wir Anteil an deiner Ganzheit.
So wird dein Name geheiligt.

Meditation

Wir richten unsere Aufmerksamkeit
auf das Kronenchakra
und stellen uns vor,
dass es sich wie eine Blüte öffnet.
Violettes Licht
strömt durch das geöffnete Chakra
in uns ein.

Wir beten dabei Gott an:

GEHEILIGT WERDE DEIN NAME.

UNSER VATER IM HIMMEL.

Wir können die Vaterunser-Chakren-Meditation abschließen mit dem Kreuzeszeichen, indem wir mit der Hand den Längsbalken des Kreuzes symbolisch darstellen und dabei die Worte sprechen: *Dein ist das Reich* (Hand in der Höhe des Kopfes) *und die Kraft* (wir bewegen die Hand vom Kopf bis zur Höhe des Wurzelchakras) *und die Herrlichkeit* (wir berühren die eine Schulter) *in Ewigkeit* (wir berühren die andere Schulter) *Amen* (wir legen die Hand auf das Herz).

Nachdem wir uns durch die Vaterunser-Chakren-Meditation die einzelnen Phasen unseres Weges zur Ganzheit meditierend einverleibt und ins Gedächtnis gerufen haben, können wir nun »rückblickend« das Vaterunser in der gewohnten Weise beten oder singen und dabei neu seine Kraft erfahren.

Bei unseren Einführungskursen in die Vaterunser-Chakren-Meditation[27] singen wir das Gebet nach der folgenden, von Maxim Kovalevski bearbeiteten Melodie von Rimski-Korsakov (statt »Unser Vater« kann auch »Vater unser« gesungen werden):

Un - ser Va - ter im Him - mel, ge - hei - ligt wer - de dein Na - me.

Dein Reich kom - me. Dein Wil - le ge - sche - he, wie im Him - mel so auf

Er - den. Un - ser täg - li - ches Brot gib uns heu - te. Und ver - gib uns

un - se - re Schuld, wie auch wir ver - ge - ben un - sern Schul - di - gern.

Und füh - re uns nicht in Ver - su - chung, son - dern er - lö -
se uns von dem Bö - sen. Denn dein ist das Reich und die Kraft
und die Herr - lich - keit in E - wig - keit. A - men.

149

Die Chakrensymbolik in den Märchen

Auch in manchen Märchen erkennen wir die sieben Entwicklungsphasen, die sich in der Symbolik der Chakren spiegeln. In den Märchen wird jedoch auch immer wieder deutlich, dass die seelische Entwicklung keine geradlinige Entwicklung ist, sondern spiralförmig verläuft. Es kann deshalb im seelischen Entwicklungsprozess schon auf einer »tiefen« Bewusstseinsstufe eine »höhere« Bewusstseinsstufe aufblitzen oder auf einer »höheren« Stufe sich eine »tiefere« wieder bemerkbar machen.

Das Wurzelchakra: Entwicklungsmöglichkeiten

Ursymbol für jede Entwicklung ist das Paradies, in dem alles beieinander ist: Gott, Mensch, Tier, Pflanze und Mineralreich. Alles ist beieinander, aber noch nicht entfaltet. In diese »heile« Welt kommt in den Märchen ein Störfaktor hinein, der Bewegung in die Situation bringt. Das wird besonders in Märchen deutlich, in denen von »verbotenen« Zimmern die Rede ist, in die man nicht hineingehen darf. Die Märchenheldin oder der Märchenheld gehen jedoch immer in diese Zimmer hinein. Sie übertreten das Verbot. Und was befindet sich in diesen verbotenen Zimmern? Zum Beispiel das Bild einer wunderschönen Prinzessin[28], ein destruktives Männerbild[29], eine schwarze Frau, die weiß wird[30], der dreieinige Gott[31] oder der Teufel[32]. Der Blick ins verbotene Zimmer bringt jeweils »Unruhe« und Leiden mit sich, aber auch den Beginn einer Entwicklung, an deren Ende ein großer Gewinn steht.

Unser Unbewusstes hat viele Räume, die es zu betreten und in Besitz zu nehmen gilt.[33] Je mehr verschlossene Räume wir aufschließen, desto besser lernen wir uns kennen und desto bewusster und reicher wird unser Leben. Dabei ist es wichtig, dass wir mit den numinosen und Angst machenden Inhalten der »verbotenen« Zimmer in Berührung kommen, weil sie sich mit unserer bisherigen Bewusstseinseinstellung nicht vertragen und damit in besonderer Weise Möglichkeiten zur Erweiterung unseres Bewusstseins bieten.

Gegenüber den »verbotenen« Zimmern gibt es drei Verhaltensmöglichkeiten. Erstens: Wir öffnen diese Zimmer nicht. Das bedeutet, dass alles beim Alten bleibt, wir bleiben vielleicht brav und angepasst, aber unlebendig. Zweitens: Wir öffnen die Tür vorsichtig, schauen hinein, treten aber nicht ein. Das würde bedeuten, dass wir uns auf die Inhalte, die wir in diesen Zimmern sehen, nicht einlassen, zwar wissen, dass es so etwas in uns gibt, aber die Tür wieder verschließen und dann doppelbödig leben. In Beziehungen hieße dies, dass ich zwar mehr weiß, als ich sage, aber nicht daran rühre. Ein solches Verhalten ist der Tod einer echten Beziehung. Die dritte Möglichkeit, die in den Märchen immer wahrgenommen wird: Wir betreten dieses Zimmer und machen uns mit dem Inhalt der verbotenen Räume vertraut und lassen uns davon bewegen. Dadurch kommt Bewegung in unser Leben.

In uns allen gibt es verschlossene Räume. Es gibt eine Stimme in uns, die sagt, dass wir diese Räume ja nicht öffnen dürfen, sonst gibt es ein Unglück, sonst wird unser Leben durcheinander geworfen. Es gibt jedoch eine andere Stimme in uns, die sagt, dass wir diese Räume öffnen müssen. Verbote sind ja eine recht wirksame Methode, um die Übertretung

des Verbotes zu bewirken. Das erinnert uns an die Sünden-
fallgeschichte, in der der verbotene Baum deshalb attraktiv
ist, weil es ein verbotener Baum ist. Oft ist die Übertretung
des Verbots notwendig, um autonom zu werden. Die verbotenen Zimmer in Märchen sind ungelebte Möglichkeiten, vor
denen wir Angst haben und die wir deshalb verdrängen. Oft
enthalten solche Zimmer auch Werte aus vorchristlicher Zeit
(z.B. ein weibliches Gottesbild oder die dunkle Seite Gottes),
die unser Leben bereichern könnten, wenn wir sie sinnvoll
integrierten.

Das Polaritätschakra: Begegnung mit dem Gegenpol

Aus dem Paradies heraustreten heißt, dem Gegenpol begegnen. In vielen Märchen ist von ungleichen Schwestern, Brü-
dern oder Weggefährten die Rede. So z.B. von der Goldmarie
und der Pechmarie[34], von bescheidenen und hochmütigen
Schwestern[35], von Besserwissern und vom Dummling[36] und
von vielen anderen »guten« und »schlechten« Weggefährten[37].
In der Regel identifizieren wir uns mit der guten Gestalt und
lehnen die böse ab Die Symbolsprache der Märchen sagt uns
jedoch, dass beide Gestalten in uns sind. Auch die »dunkle«
Gestalt gehört zu uns. Es tut unserer Seele wohl, wenn wir
auch die dunkle Seite anerkennen und dadurch unsere *ganze*
Psyche ernst nehmen. Wir können uns also beim Lesen der
Märchen fragen: »Wo ist meine faule und freche Pechmarie-
Seite oder wo ist meine hochnäsige, sadistische, intrigante
Stiefschwester oder wo ist mein dunkler Bruder?« Unsere
Seele lebt auf, wenn wir auch ihre dunkle Seite als zu uns
gehörend akzeptieren und ihr dadurch die Möglichkeit geben,
sich zu verändern.

Das Sonnengeflechtschakra: Gegensätze vereinigen

Wenn wir die Welt der Gegensätze kennen gelernt haben, besteht eine doppelte Versuchung, nämlich die Versuchung, in die »Paradieswelt« des Wurzelchakras zurückzukehren, oder die Versuchung, in der Einseitigkeit des Polaritätschakras zu verharren[38]. Die Versuchung, in die Welt eines als Schlaraffenland missverstandenen »Paradieses« zurückzukehren, begegnet uns z.B. im Märchen *Der goldene Vogel*[39], wo die älteren Brüder in einem schönen Wirtshaus hängen bleiben, oder im *Erdmännchen*[40], wo der stets gedeckte Tisch, oder im *Wasser des Lebens*[41], wo das gemachte Bett zum Verweilen einladen.

Die Versuchung zur Einseitigkeit begegnet uns z.B. im Märchen *Vom Fischer und seiner Frau*[42], wo der Mann in der Armut verharren will und die Chance, die das Leben (»der Butt«) bietet, nicht wahrnimmt, während die Frau vom Gegenpol fasziniert ist und immer mehr haben will, bis sie schließlich werden will wie der liebe Gott. Dabei wäre es doch darum gegangen, die rechte Mitte zu finden, nämlich eine angemessene Wohnung und eine sinnvolle, den Einzelnen entsprechende Tätigkeit.

Einseitig ist auch der Prinz, der zum goldenen Vogel noch den goldenen Käfig und zum goldenen Pferd noch den goldenen Sattel haben möchte.[43] Bei diesem Märchen geht es ebenfalls darum, dass wir das rechte Maß und die rechte Mitte finden. Es geht um die Verbindung der Gegensätze und nicht darum, dass wir von einem Extrem ins andere fallen. Zum Reichtum gehört die Bescheidenheit, sonst wird der Reichtum zum Verhängnis. Das Kostbare und das Schlichte gehören zusammen. Zum goldenen Vogel gehört deshalb der hölzerne Käfig und zum goldenen Pferd der hölzerne Sattel.

Das Geistige und das Erdhafte müssen zu einer dynamischen Einheit werden. So schreibt der Apostel Paulus im 2. Korintherbrief, dass wir den *himmlischen* Schatz in *irdenen* Gefäßen haben[44] und dass zu der himmlischen Offenbarung der Stachel für das Fleisch gehört, der den Offenbarungsträger am Boden festhält.[45]

Das Herzchakra : Erlösung erfahren

In vielen Märchen geschieht in einer ausweglosen Lage plötzlich eine Wende zum Guten. Gefangene werden befreit, Versteinerte werden wieder lebendig, Verachtete kommen zu Ehren. Zwar geschieht diese Erlösung in der Regel durch das Eingreifen übernatürlicher Mächte, aber die rechte innere Einstellung der Märchenheldin oder des -helden tragen mit dazu bei, dass das Erlösungswunder Wirklichkeit werden kann. So trifft z.B. der Prinz im Märchen *Bad Badgerd*[46] mit dem letzten, entscheidenden Bogenschuss das Ziel, weil er beim Schießen die Augen schließt, d.h. er vertraut nicht mehr auf sein äußeres Können, sondern richtet seinen Blick nach innen. In der russischen Version von *Das Mädchen ohne Hände*[47] erhält das Mädchen in dem Augenblick neue Hände, als es wagt, auf Anweisung eines Helfers seine nicht vorhandenen Hände so zu gebrauchen, als wenn es welche hätte.[48]

Manchmal geschieht die Erlösung im allerletzten Augenblick[49] – ganz ähnlich wie beim Übeltäter am Kreuz, von dem das Neue Testament berichtet.[50]

Für die Art und Weise, wie die Erlösung geschieht, gibt es keine Normen, sondern sie geschieht so, wie sie der jeweiligen Märchenheldin oder dem jeweiligen Märchenhelden entspricht und so, dass in der jeweiligen Situation entscheidend geholfen wird. Es wird deutlich, dass jeder seinen eigenen Weg gehen muss, der ihn zu dem Ziel führt, das für ihn bestimmt ist.

Das Halschakra: Begegnung mit dem Symbol

Ein Symbol offenbart einen ewigen Sinn in einer irdischen Erscheinung. Die vielfältigen Erscheinungen dieser Welt werden durchsichtig für die ewige Welt. Um das Zusammenspiel von diesseitiger und jenseitiger Wirklichkeit geht es z.B. in den Märchen, in denen vom Geheimnis der Nahrung die Rede ist. So bringen z.B. das *Tischlein deck dich*[51] und der Wundertopf in *Der süße Brei*[52] jederzeit reichlich Speise hervor. Im Märchen *Die weiße Schlange*[53] verleiht das Kosten der Schlange die Fähigkeit, die Sprache der Tiere zu verstehen. In *Hänsel und Gretel*[54] dagegen bedeutet das essbare Hexenhaus eine gefährliche Falle, ebenso wie der vergiftete Apfel in *Schneewittchen*[55] und das Trinken des verzauberten Wassers in *Brüderchen und Schwesterchen*[56].

Märchen machen deutlich, dass Nahrung nicht einfach tote Materie ist, sondern in Verbindung steht mit der geistigen Welt. Irdische Nahrung wird durchscheinend für geistige Nahrung – so wie in der Bibel das Manna in der Wüste, das von Jesus vermehrte Brot und das Brot des Abendmahls, der Eucharistie, Symbole sind für das himmlische Brot.

Die Missachtung des Zusammenhangs zwischen materieller und spiritueller Wirklichkeit bringt Schaden, nicht nur beim Abendmahl[57], sondern auch in den Märchen[58].

Das Stirnauge: Der inneren Stimme folgen

Was für den materiellen Bereich gilt, gilt auch für den geistigen. Es gilt zu unterscheiden zwischen unserem eigenen vordergründigen Wollen und dem hintergründigen Wollen unseres wahren Selbst, das unser *eigentliches* Wollen (= »der Wille Gottes«) ist.

Die innere Stimme, d.h. die Stimme unseres wahren Selbst, wird in den Märchen oft durch die Weisungen jenseitiger Helfer zum Ausdruck gebracht. Die Helfer kennen Auswege und Lösungen, wo Märchenheld und -heldin mit ihrer Weisheit am Ende sind. So weiß z.B. der Fuchs in *Der goldene Vogel*[59] immer wieder Rat. Ameise, Ente und Biene in *Die Bienenkönigin*[60] und die Kröte in *Die drei Federn*[61] helfen bei der Lösung schwieriger oder unlösbarer Aufgaben. Wichtig ist es, dass Märchenheldin und -held eine gute Beziehung zu Tieren haben. Alle Märchen, in denen eine gute Beziehung zu Tieren besteht, führen zu einer befriedigenden Lösung.[62] Immer wieder geht es darum, das Nächstliegende und das Unscheinbare und das Verachtete zu beachten. Gerade dort liegt das eigentliche Gold. Wie alle Kräfte der Tiefe, haben die Helfer manchmal auch eine dunkle Seite, die es zu erkennen und zu bannen gilt.[63] Es gilt deshalb, sowohl auf die Stimme der Tiefe als auch auf die Stimme unseres Verstandes zu lauschen.

Das Kronenchakra: Alles in allem

Im Kronenchakra erreichen Märchenheldin und -held eine Ganzheit, in der alles enthalten und entfaltet ist, was das Leben zu bieten hat. In einer solchen Ganzheit sind alle Gegensätze vereinigt – Mann und Frau, Alte und Junge,

Dienende und Herrschende.[64] Auch die inneren Tiere gehören als unsere Geschwister mit zu dieser Ganzheit.[65]

Und über allem und in allem ist Gott, in dem wir »leben und weben und unser Sein haben«[66]. Gott wird jedoch in den Märchen nur selten direkt genannt. Die Märchen reden von Gott wie die Natur und die Geschichte und unser Leben von Gott reden. Es ist ein Reden ohne Worte. Es ist ein Reden in der Sprache der Symbole. Gott begegnet uns in den Märchen überall dort, wo Kranke geheilt, Gefangene befreit, Verachtete erhöht und Hochmütige gedemütigt werden. Er begegnet uns aber auch, wenn die füreinander bestimmten Menschen trotz aller Hindernisse, Widerstände und Intrigen zueinander finden, sodass dadurch eine neue Ganzheit entsteht als Abbild der Vereinigung von Himmel und Erde, von Mensch und Gott.[67]

*

Die Begegnung mit der Chakrensymbolik in den Märchen kann eine Hilfe sein auf dem Weg zur Ganzheit und das heißt, auf dem Weg zu Gott. Manche Märchen – vor allem die kurzen – haben nur einen einzigen Schwerpunkt, der jedoch in bestimmten Situationen wichtig und wegweisend sein kann.[68] In anderen Märchen erreichen Märchenheld oder -heldin Teilziele.[69]

Wieder andere Märchen – vor allem die langen – beschreiben den gesamten seelischen Entwicklungsprozess[70], so z.B. auch das Märchen *Frau Holle*[71], das wir jetzt näher betrachten wollen.

Das Märchen von Frau Holle
im Licht der Chakrensymbolik

Wir lesen zunächst das Märchen als Ganzes:

Eine Witwe hatte zwei Töchter, davon war die eine schön und fleißig, die andere hässlich und faul. Sie hatte aber die hässliche und faule, weil sie ihre rechte Tochter war, viel lieber, und die andere musste alle Arbeit tun und das Aschenputtel im Hause sein. Das arme Mädchen musste sich täglich auf die große Straße bei einem Brunnen setzen und musste so viel spinnen, dass ihm das Blut aus den Fingern sprang. Nun trug es sich zu, dass die Spule einmal ganz blutig war; da bückte es sich damit in den Brunnen und wollte sie abwaschen: sie sprang ihm aber aus der Hand und fiel hinab. Es weinte, lief zur Stiefmutter und erzählte ihr das Unglück. Sie schalt es aber so heftig und war so unbarmherzig, dass sie sprach: »Hast du die Spule hinunterfallen lassen, so hol sie auch wieder herauf.«

Da ging das Mädchen zu dem Brunnen zurück und wusste nicht, was es anfangen sollte: und in seiner Herzensangst sprang es in den Brunnen hinein, um die Spule zu holen. Es verlor die Besinnung, und als es erwachte und wieder zu sich selber kam, war es auf einer schönen Wiese, wo die Sonne schien und viel tausend Blumen standen. Auf dieser Wiese ging es fort und kam zu einem Backofen, der war voller Brot; das Brot aber rief: »Ach, zieh mich raus, zieh mich raus, sonst verbrenn' ich: ich bin schon längst ausgebacken.« Da trat es herzu und holte mit dem Brotschieber alles nacheinander heraus. Danach ging es weiter und kam zu einem Baum, der hing voll Äpfel und rief ihm zu: »Ach, schüttel mich, schüttel mich, wir Äpfel sind alle miteinander reif.« Da schüttelte es den Baum, dass die Äpfel fielen, als regneten sie, und schüttelte, bis keiner mehr oben war; und als es alle in einen Haufen zusammengelegt hatte, ging es wieder weiter. Endlich kam es zu einem kleinen Haus, daraus guckte eine alte Frau, weil sie aber so große Zähne hatte, ward ihm Angst, und es wollte fortlaufen. Die alte Frau aber rief ihm nach: »Was fürchtest du dich, liebes Kind? Bleib bei mir, wenn du alle Arbeit im Hause ordentlich tun willst, so soll dir's gut gehn. Du musst nur Acht geben, dass du mein Bett gut machst und es fleißig aufschüttelst, dass die Federn fliegen. Dann schneit es in der Welt; ich bin die Frau Holle.« Weil die Alte ihm so gut zusprach, so fasste sich das Mädchen ein Herz, willigte ein und begab sich in ihren Dienst. Es besorgte auch alles nach ihrer Zufriedenheit und schüttelte ihr das Bett immer gewaltig auf, dass die Federn wie Schneeflocken umherflogen; dafür hatte es auch ein gut Leben bei ihr, kein böses Wort und alle Tage Gesottenes und Gebratenes. Nun war es eine Zeit lang bei der Frau Holle, da ward es traurig und wusste anfangs selbst nicht, was ihm fehlte, endlich merkte es, dass es Heimweh war; ob es ihm hier gleich viel tausendmal besser ging als zu Haus, so hatte es doch ein Verlangen dahin. Endlich sagte es zu ihr: »Ich habe den Jammer nach Haus kriegt, und wenn es mir auch noch so gut hier unten geht, so kann ich doch nicht länger bleiben, ich muss wieder hinauf zu den Meinigen.« Die Frau Holle sagte: »Es gefällt mir, dass du wieder nach Haus verlangst, und weil du mir so treu gedient hast, so will ich dich selbst wieder hinaufbringen.« Sie nahm es darauf bei der Hand und führte es vor ein großes Tor. Das Tor ward aufgetan, und wie das Mädchen gerade darunter stand, fiel ein gewaltiger Goldregen, und alles Gold blieb an ihm hängen, sodass es über und über davon bedeckt war. »Das sollst du haben, weil du so fleißig gewesen bist«, sprach die Frau Holle und gab ihm auch die Spule wieder, die ihm in den Brunnen gefallen war. Darauf ward das Tor verschlossen, und das Mädchen befand sich oben auf der Welt, nicht weit von seiner Mutter Haus: und als es in den Hof kam, saß der Hahn auf dem Brunnen und rief:

»kikeriki,

unsere goldene Jungfrau ist wieder hie.«

Da ging es hinein zu seiner Mutter, und weil es so gut mit Gold bedeckt ankam, ward es von ihr und der Schwester gut aufgenommen.

Das Mädchen erzählte alles, was ihm begegnet war, und als die Mutter hörte, wie es zu dem großen Reichtum gekommen war, wollte sie der andern hässlichen und faulen Tochter gerne dasselbe Glück verschaffen. Sie musste sich an den Brunnen setzen und spinnen, und damit ihre Spule blutig ward, stach sie sich in den Finger und stieß sich die Hand in die Dornhecke. Dann warf sie die Spule in den Brunnen und sprang selber hinein. Sie kam wie die andere auf die schöne Wiese und ging auf demselben Pfade weiter. Als sie zu dem Backofen gelangte, schrie das Brot wieder: »Ach, zieh mich raus, zieh mich raus, sonst verbrenn' ich, ich bin schon längst ausgebacken.« Die Faule aber antwortete: »Da hätt‹ ich Lust, mich schmutzig zu machen«, und ging fort. Bald kam sie zu dem Apfelbaum, der rief: »Ach, schüttel mich, schüttel mich, wir Äpfel sind alle miteinander reif.« Sie antwortete aber: »Du kommst mir recht, es könnte mir einer auf den Kopf fallen«, und ging damit weiter. Als sie vor der Frau Holle Haus kam, fürchtete sie sich nicht, weil sie von ihren großen Zähnen schon gehört hatte, und verdingte sich gleich zu ihr. Am ersten Tag tat sie sich Gewalt an, war fleißig und folgte der Frau Holle, wenn sie ihr etwas sagte; denn sie dachte an das viele Gold, das sie ihr schenken würde; am zweiten Tag aber fing sie schon an zu faulenzen, am dritten noch mehr, da wollte sie morgens gar nicht aufstehen. Sie machte auch der Frau Holle das Bett nicht, wie sich's gebührte, und schüttelte es nicht, dass die Federn aufflogen. Da ward die Frau Holle bald müde und sagte ihr den Dienst auf. Die Faule war das wohl zufrieden

und meinte, nun würde der Goldregen kommen; die Frau Holle
führte sie auch zu dem Tor, als sie aber darunter stand, ward statt
des Goldes ein großer Kessel voll Pech ausgeschüttet. »Das ist zur
Belohnung deiner Dienste«, sagte die Frau Holle und schloss das
Tor zu. Da kam die Faule heim, aber die war ganz mit Pech bedeckt,
und der Hahn auf dem Brunnen, als er sie sah, rief:

»kikeriki,

unsere schmutzige Jungfrau ist wieder hie.«

Das Pech aber blieb fest an ihr hängen und wollte, solange sie
lebte, nicht abgehen.

Der Weg der Goldmarie

Der Weg der Chakren beginnt mit dem *Wurzelchakra*, mit dem
Verankertsein in der Welt, in der wir leben, mit der Welt des
Bewusstseins, des Hier und des Jetzt. Er führt weiter zum
Polaritätschakra, das das Hineinschreiten in den Bereich des
Unbewussten bedeutet. Dadurch wird der Gegenpol sichtbar.
Dann geht's weiter zum *Sonnengeflechtschakra*, wo es um die
Vereinigung der im Polaritätschakra offenbar gewordenen
Pole geht. Im *Herzchakra* ist dann diese Vereinigung zu Stande
gekommen. (Im Sonnengeflecht geht es um den *Prozess* der
Vereinigung der Gegensätze, im Herzchakra ist dieser Prozess
zum Abschluss gekommen. Ganzheit wird erfahren.) Im *Halschakra* erkennen wir die vordergründige Welt als Symbol der
hintergründigen Welt und im *Stirnauge* geht es um die Übereinstimmung unseres Ich-Wollens mit dem Wollen unseres
wahren Selbst. Im *Kronenchakra* erleben wir schließlich die
letzte und tiefste Einheit zwischen Himmel und Erde, die
Vollendung des Individuationsweges.

Diese sieben Phasen können wir bis zu einem gewissen Grad auch im Weg der Goldmarie entdecken, wobei die Symbolik der Chakren zwei bis fünf auch noch mit den vier Jahreszeiten gekoppelt ist. Wir wollen das nun im Einzelnen betrachten.

Die Erfahrung des Wurzelchakras

Eine Witwe hatte zwei Töchter, davon war die eine schön und fleißig, die andere hässlich und faul. Sie hatte aber die hässliche und faule, weil sie ihre rechte Tochter war, viel lieber, und die andere musste alle Arbeit tun und das Aschenputtel im Hause sein. Das arme Mädchen musste sich täglich auf die große Straße bei einem Brunnen setzen und musste so viel spinnen, dass ihm das Blut aus den Fingern sprang.

Dieser Abschnitt enthält die Thematik des Wurzelchakras. Es geht um die bewusste, vordergründige Welt, um die Welt, in der wir leben. Im Märchen ist das keine idealisierte Welt, sondern eine sehr raue Wirklichkeit.

Es ist eine Welt, die gekennzeichnet ist vom *Tod*: Der Goldmarie sind Mutter und Vater gestorben. Der Witwe ist der erste und der zweite Mann gestorben und der Pechmarie der Vater. Dadurch, dass ein Vater stirbt, dem vorher schon die erste Frau gestorben ist, und eine Witwe, der der erste und der zweite Mann gestorben ist, ergeben sich viele Menschen, die vom Tod betroffen sind.

Die Welt unseres Märchens ist außerdem eine Welt, die gekennzeichnet ist durch *Ungerechtigkeit*. Goldmarie, die Vater und Mutter verloren hat und ein fleißiges Kind ist, wird schlecht behandelt, ja geradezu grausam, obwohl sie das nicht verdient hat, während ihre faule Halbschwester gut behandelt wird, ohne dass sie es verdient hat. Die Goldmarie wird hintangesetzt wie das »Aschenputtel«. (Offensichtlich ist das Märchen vom Aschenputtel als bekannt vorausgesetzt!) Aschenputtel ist eine Gestalt, die in der Asche sitzt und all die dreckige Arbeit verrichten muss und dazu noch schikaniert wird.

Wir können uns bei solchen Situationen im Märchen fragen: Kenne ich auch in meinem Leben Situationen, in denen ich hintangesetzt wurde, in denen andere mir vorgezogen wurden? Habe ich solche Situationen schon erlebt? Was habe oder hatte ich dabei für Gefühle? Vielleicht habe ich es als Kind erlebt, dass eine Handball- oder sonstige Wettkampf-Mannschaft zusammengestellt wurde und ich dann bis zuletzt stehen geblieben bin? Diejenigen, die das erfahren, erfahren es ja nicht nur einmal, sondern sie erfahren es ständig. Wie ist das, wenn das so ist? Oder wie ist das, wenn ich bei einer Partnerwahl bei Tanzveranstaltungen oder bei Gruppenprozessen nicht gewählt oder abgewiesen werde? Kenne ich solche Verletzungen des Selbstwertgefühls? Oder wenn ich bei Beförderungen oder Stellenbewerbungen übergangen werde, wie ist das, wenn andere mir vorgezogen werden? Es ist gut, wenn wir uns in solche Situationen hineinversetzen. Es gibt nicht viele Menschen, die nicht wenigstens an dem einen oder anderen Punkt etwas wissen von solchen Verletzungen und Demütigungen. Wenn dies jedoch zu einer Dauererfahrung wird, können schwere Minderwertigkeitsgefühle oder -komplexe entstehen!

In unserem Märchen begegnet uns die Witwe als eine allein erziehende Mutter. Dabei ist die Gefahr groß, dass eine zu enge Bindung zwischen Mutter und Tochter entsteht, sei es nun ein zu enges An-sich-Ziehen oder ein Von-sich-Stoßen. Dadurch entsteht dann entweder eine zu negative oder zu positive Bindung der Tochter an die Mutter oder der Mutter an die Tochter. Die Folge davon ist die Entstehung eines Mutterkomplexes.

Die Goldmarie entwickelt einen negativen Mutterkomplex, die Pechmarie einen positiven.

Der negative Mutterkomplex ist gekennzeichnet durch die Vorstellung, dass man sich alles verdienen muss. Anerkennung und Liebe kriegt man nur, wenn man dafür arbeitet. Man muss etwas leisten, mehr leisten, noch mehr leisten, um sich Liebe und Anerkennung zu verdienen und kriegt sie doch nicht. Die Rechnung geht nicht auf, weil man Liebe nicht verdienen kann. Liebe ist ein Geschenk – man kann sie nicht verdienen. (Das ist auch der Irrtum des Frosches im Märchen *Der Froschkönig*, der meint, er hätte einen Anspruch auf die Liebe des Mädchens, weil er etwas geleistet hat. Er macht dann ebenfalls die Erfahrung, dass man Liebe nicht verdienen kann. Auch er hat einen negativen Mutterkomplex. (Er ist von einer »bösen Hexe« verwünscht worden, heißt es im Märchen.)[72]

Die »Pechmarie«, die Stiefschwester der »Goldmarie«, hat einen positiven Mutterkomplex. Dieser besteht in der Vorstellung, die Welt sei eine große, alles gewährende Mutter. Alles fällt mir in den Schoß, ich brauche mich nicht um Liebe und Anerkennung zu bemühen. Alle haben mich gern. Vielfach ist es auch so, dass dies bestätigt wird, aber oft müssen solche Menschen auch einen bitteren Lernprozess machen.

Eine auffällige Charakterisierung der beiden Mädchen besteht in der Kombination »schön und fleißig« und »hässlich und faul«. Im realen Leben ist es oft umgekehrt, da muss die weniger Schöne mehr arbeiten, um sich Anerkennung zu verschaffen und sich zu behaupten, während der Schönen vieles in den Schoß fällt.

Wir müssen deshalb solche Bezeichnungen im Märchen symbolisch verstehen. Es geht also bei »schön« und »hässlich« um die Ausstrahlung eines inneren Wertes, d.h. wer »fleißig« ist und an sich arbeitet, gewinnt allmählich eine innere Schönheit, die nach außen durchdringt; wer dagegen »faul« ist und nicht an sich arbeitet, der wird allmählich grau und unansehnlich. Die innere »Hässlichkeit« wird dann allmählich auch äußerlich sichtbar.

Goldmarie muss alle Arbeit im Hause tun – wie »Aschenputtel«. Was heißt das? Im *Aschenputtel*-Märchen lesen wir:

Sie nahmen ihm seine schönen Kleider weg, zogen ihm einen grauen alten Kittel an, gaben ihm hölzerne Schuhe. »Seht einmal die stolze Prinzessin, wie sie geputzt ist« riefen sie, lachten und führten sie in die Küche. Da musste es vom Morgen bis Abend schwere Arbeit tun, früh vor Tage aufstehen, Wasser tragen, ein Feuer machen, kochen, waschen, obendrein taten ihm die Schwestern alles ersinnliche Herzeleid an, verspotteten es und schütteten ihm die Erbsen und Linsen in die Asche, sodass es sitzen und sie wieder auslesen musste. Abends, wenn es sich müde gearbeitet hatte, hatte es kein Bett, sondern musste sich neben dem Herd in die Asche legen.[73]

Bei der Goldmarie wird als Arbeit besonders das Spinnen erwähnt. Das Mädchen sitzt am Brunnen. (Da beim Spinnen der Finger angefeuchtet werden muss, ist es gut, wenn Wasser in der Nähe ist.) Hintergründig ist beim »Spinnen« immer auch das Spinnen des Lebensfadens mit gemeint. Das gilt auch schon für die Aschenputtel-Phase der Goldmarie. Auch in den widrigen Umständen des Lebens, denen wir nicht ausweichen können, wird der Lebensfaden gesponnen. Auch solche Phasen gehören zu unserem Lebensmuster.

Die reale Welt, in der wir leben, die durch das Wurzelchakra charakterisiert wird, gehört ganz wesentlich zu unserem Leben. Sie ist Grundlage und Wurzelboden unseres Lebens.

Die Erfahrung des Polaritätschakras und des Frühlings

Nun trug es sich zu, dass die Spule einmal ganz blutig war; da bückte es sich damit in den Brunnen und wollte sie abwaschen: sie sprang ihm aber aus der Hand und fiel hinab. Es weinte, lief zur Stiefmutter und erzählte ihr das Unglück. Sie schalt es aber so heftig und war so unbarmherzig, dass sie sprach: »Hast du die Spule hinunterfallen lassen, so hol sie auch wieder herauf.«

Da ging das Mädchen zu dem Brunnen zurück und wusste nicht, was es anfangen sollte: und in seiner Herzensangst sprang es in den Brunnen hinein, um die Spule zu holen. Es verlor die Besinnung, und als es erwachte und wieder zu sich selber kam, war es auf einer schönen Wiese, wo die Sonne schien und viel tausend Blumen standen.

Die Spindel, als Symbol des Lebensfadens, will jetzt woanders hin. Das ist eine Umbruchsituation. Die Spindel »springt« davon, d.h. von innen heraus bewegt sich etwas. Ähnlich ist es bei der Kugel im *Froschkönig*: sie rollt davon, als sei sie etwas Selbstständiges. Sie symbolisiert etwas, was weiter will. Man nennt dieses Davonrollen das »mobile Selbst«, d.h. das wahre Selbst[74], das in Bewegung geraten ist. Auch die »springende Spindel« ist Symbol des mobilen Selbst. Es macht sich etwas selbstständig – etwas Unvorhergesehenes drängt zur Weiterentwicklung.

Das Mädchen eilt zunächst zur Mutter. Es bleibt noch im alten Bereich, denn das bekannte Alte – und sei es noch so schlecht – ist weniger bedrohlich als das unbekannte Neue.

Aber die Mutter treibt es zurück zum Brunnen. Das Mädchen hat keinen Platz mehr im alten Bereich.

Es kommt jetzt in die Welt, die durch das Polaritätschakra gekennzeichnet ist. Der Sprung in den Brunnen bedeutet einen Sprung ins Wasser. Ins »Wasser« gehen heißt, in die Welt des Unbewussten eintauchen. Das Unbewusste ist der Schoß der »Großen Mutter«. Dort können negative Muttererfahrungen geheilt werden. Der Bereich des Unbewussten ist eine Gegenwelt zur Welt des Bewusstseins. Das Mädchen wird von innen (durch die davonspringende Spindel) und von außen (durch die Mutter, die es zum Brunnen zurückjagt und dadurch mitwirkt, dass der Abstieg ins Unbewusste geschieht) in die Tiefe getrieben.[75] Das ist eine ganz wichtige Situation. Jesus kennzeichnet diese Situation mit den Worten: »Wer zu mir kommt und nicht hasst Vater und Mutter, der kann nicht mein Jünger sein.«[76] Das heißt: Es geht um eine radikale Loslösung vom Bisherigen. Eine solche Trennung ist notwendig, wenn wir uns auf die innere Reise begeben wollen.

Der Brunnen ist der Ort der Wandlung, er ist Symbol des Mutterschoßes. Der Nikodemus des Neuen Testaments fragt gar nicht so verkehrt: »Kann denn ein Mensch zum zweiten Mal in den Schoß seiner Mutter eingehen und noch einmal geboren werden?«[77] Er versteht dies natürlich vordergründig als Rückkehr in den Schoß seiner leiblichen Mutter. Es gilt jedoch, zurückzukehren zur Urmutter, zurück in die Welt des Unbewussten, in den Schoß der Mutter Erde, der Großen Mutter, um von dort her das Leben neu zu beginnen.[78]

Durch den Sprung in den Brunnen erlebt die Goldmarie die Gegenwelt: Statt des grauen Aschenputtel-Alltags begegnet dem Mädchen eine sonnenbeschienene Frühlingswiese mit Tausenden von Blumen!

Wenn es im Leben eines Menschen zu einem Neubeginn kommt, dann wird im Unbewussten der Gegenpol konstelliert. Ich begleitete einmal eine schwer depressive Frau. Im Laufe der Therapie schlug ich ihr vor, ihre innere Situation zu malen. Dies war zunächst für sie sehr mühsam, weil der Antrieb völlig fehlte und die wenigen Bilder waren grau. Doch dann malte sie eines Tages ein Bild, dessen rechte Hälfte grau und leer war, aber in der linken Bildhälfte war eine blühende Blume. Das war der Beginn eines inneren Umschwungs. Im Unbewussten war etwas erblüht, was im Bewusstsein noch nicht sichtbar war.

Ein solches Aufblühen im Unbewussten begegnet uns gelegentlich auch in Träumen. Es kann im Traum etwas sichtbar werden, was äußerlich noch gar nicht sichtbar ist, so z.B. bei Jakob auf der Flucht. Dem Verlassenen begegnen die Engel und der geöffnete Himmel.[79] Menschen mit einem schwer geschädigten Selbstwertgefühl haben manchmal große Mühe, diese positive innere Gegenwelt, die ihnen in den Träumen begegnet, als Realität anzunehmen und wehren deshalb ab: »Das ist ja nur ein Traum!« Die Traumwelt ist jedoch genauso real wie die Welt des Bewusstseins!

Die »vieltausend Blumen« kennzeichnen die Buntfarbigkeit der inneren Welt und erinnern an ein Pauluswort: »Die *Leiden* dieser Zeit bewirken eine über alle Maßen gewichtige ewige *Herrlichkeit*.«[80] Das ist nicht eine Vertröstung aufs Jenseits, sondern der Himmel ist auch in uns. Die »viel tausend Blumen« werden dem entgegengesetzt, was im Alltag so grau ist.

Der Abstieg ins Unbewusste bedeutet den Beginn der inneren Reise. Das Mädchen kommt »zu sich selber«. Vorher war es nicht bei sich selber, sondern lebte neben sich her.

Der Abstieg ins Unbewusste ist ein Sprung ins Wasser.

Auch die grüne, saftig blühende Wiese ist getränkt mit Wasser. Dem Polaritätschakra ist das Wasser als Element zugeordnet. Die blühende Wiese ist Symbol des Frühlings und damit des Aufbruchs, des Neubeginns. Das Mädchen begegnet in der Wiese der »Grünkraft« der Erde als Gegenpol zum grauen Alltag. In der Sonne begegnet es dem Licht und der Wärme als Gegenpol zur kalten Mutter. Vitalkraft und Wärme sind Eigenschaften der Frau Holle, der das Mädchen jetzt schon in der Gestalt der blühenden Frühlingswiese begegnet.

Die Erfahrung des Sonnengeflechtschakras und des Sommers

Auf dieser Wiese ging es fort und kam zu einem Backofen, der war voller Brot; das Brot aber rief: »Ach, zieh mich raus, zieh mich raus, sonst verbrenn' ich: ich bin schon längst ausgebacken.« Da trat es herzu und holte mit dem Brotschieber alle nacheinander heraus.

Der Backofen ist Symbol des Sonnengeflechtschakras. Das Element dieses Chakras ist das Feuer. Im Feuer wird etwas zusammengebacken, was vorher getrennt war.

So heißt es in einem Abendmahlstext aus dem 1. Jahrhundert: »Wie dies Brot auf den Bergen zerstreut war und zusammengebracht ein Brot geworden ist, so soll deine Gemeinde zusammengebracht werden von den Enden der Erde in dein Reich.«[81]

Dieser Text stammt aus der Erfahrung einer frühchristlichen Gemeinde in Syrien. Dort gab es einen Brauch, der noch lange fortbestanden hat bis in unser Jahrhundert hinein. Jene Christen kauften ihr Abendmahlsbrot nicht beim Bäcker, sondern sie sammelten auf den abgeernteten Feldern die liegen gebliebenen Ähren und brachten sie von den Bergen und Hügeln her zusammen. Da lagen die Körner nun nebeneinander – Korn neben Korn. Dann wurden sie gemahlen und zusammengebacken. Aus den vielen, zerstreuten Körnern wurde das eine Brot.

Die Umwandlung zu einem Brot geschieht durch die Hitze des Feuers. So bewirkt das heiße Feuer auch Wandlung im Backofen unseres Lebens.

Und wie können wir die einzelnen Körner innerseelisch verstehen? Es sind die vielen abgespaltenen Persönlichkeitsanteile, die zusammengebacken werden wollen, damit die Ganzheit des Individuums, d.h. die ungeteilte Persönlichkeit entsteht.

Dieser Prozess des Zusammenbackens wird in der Alchemie als ein »Kochprozess« in einem hermetisch abgeschlossenen Gefäß beschrieben. Das entspricht dem geschlossenen Backofen, in dessen Hitze das Brot gebacken wird.

Der heiße Backofen ist ein Bild für den Sommer, der in der Natur die chemischen Prozesse bewirkt, die das Korn reif werden lassen.

Die Symbolik des Sonnengeflechtschakras steht für den Prozess, der Vereinigung der Gegensätze bewirkt, für den Prozess, der die Ganzheit zum Ziel hat.

Nun ist es bedeutsam, dass die Brote einzeln rufen: »Zieh *mich* heraus«, und das Mädchen zieht nacheinander alle Brote heraus. Der Ruf des Brotes bedeutet, dass der rechte Zeitpunkt gekommen ist. Im Neuen Testament wird dies durch den Begriff »kairos« ausgedrückt[82]. Das ist der rechte Zeitpunkt, der nicht versäumt werden darf. Es gilt, auf die Stimme der Dinge zu lauschen, also nicht nur auf die innere Stimme, sondern auch auf die Stimme der Dinge, die uns von außen rufen. Der Backofen ist auch Symbol für den Mutterleib, in dem das Kind ausgetragen wird. Wenn die Zeit reif ist, dann will das Kind ins Leben hineinkommen.

So hörte z.B. Augustin »zufällig« ein Kind singen »tolle lege, tolle lege« (»nimm und lies«), und er nahm ein Buch, das gerade da lag – es war eine Kopie des Römerbriefs – und las.[83] Sein Leben wurde dadurch verändert, dass er dem Ruf von außen gefolgt ist. Was auch immer das Kind gesungen hat, für Augustin war es ein Ruf von außen, der ihn aufforderte, das Buch zu lesen.

Mir steht jetzt ein Mann vor Augen, der in einem Restaurant auf einem Tisch ganz zufällig eine Zeitung liegen sah. Er war schon vorübergegangen. Aber die Zeitung rief ihn irgendwie zurück. Und so ging er zurück und blätterte darin. Er entdeckte eine Annonce, die sonst nirgends veröffentlicht war. Er reagierte auf die Annonce, wodurch sein Leben in einer außerordentlichen Weise bereichert wurde. Die Zeitung hat ihn äußerlich gerufen. Er hat diesen Ruf gehört und befolgt.

Es geht also darum, Gelegenheiten wahrzunehmen und das, was auf uns zukommt, beim Schopf zu packen im Wissen darum: »Jetzt ist das dran!« Es kann sein, dass wir dann Angst haben und sagen: Jetzt nicht – das nächste Mal. Woher wissen wir, dass es ein nächstes Mal gibt? Meistens gibt es kein nächstes Mal, sondern es geht *jetzt* um eine Situation, die ergriffen werden will. Das Leben bringt zwar wieder andere Situationen, wenn wir eine Gelegenheit nicht ergreifen – aber nicht unendlich viele! Jede Situation ist einmalig und geht vorüber, wenn wir sie nicht ergreifen. Wenn das Leben ruft, dann heißt es manchmal: »Tu, was du fürchtest, und die Furcht stirbt einen sicheren Tod!« Dieser Satz hat mir in manchen Situationen wesentlich geholfen. Manchmal brauchen wir dann »Mut zur Blamage«. Der Ruf des *Lebens* ist wichtiger als unser Image, als unser »Ruf«, den wir bei anderen haben! Es gibt Dinge, die *jetzt* getan werden wollen.

Die Brote rufen je einzeln: »Zieh mich raus«, d.h. jede einzelne Aufgabe will ernst genommen werden. Das Detail darf nicht vernachlässigt werden!

Die Erfahrung des Herzchakras und des Herbstes

Danach ging es weiter und kam zu einem Baum, der hing voll Äpfel und rief ihm zu: »Ach, schüttel mich, schüttel mich, wir Äpfel sind alle miteinander reif.« Da schüttelte es den Baum, dass die Äpfel fielen, als regneten sie, und schüttelte, bis keiner mehr oben war; und als es alle in einen Haufen zusammengelegt hatte, ging es wieder weiter.

Der Apfel ist ein Ganzheits-Symbol. Wenn wir einen Apfel quer durchschneiden, finden wir in der Mitte ein Mandala, das 5-fache Kerngehäuse in einem Kreis:

Der Apfel symbolisiert das Herzchakra. Im Herzchakra geht es um Ganzheit und Reife. Der Prozess des Sonnengeflechts-chakras ist zum Abschluss gekommen. Jetzt geht es um das Einbringen der Ernte. Während die Brote im Singular rufen: »Zieh *mich* heraus!«, obwohl es mehrere sind – rufen die Äpfel: »*Wir* Äpfel sind *alle* miteinander reif!« Der Baum, der das Ganze symbolisiert, ruft: »Schüttel mich!«, d.h. die vielen

Äpfel sind Teile des Ganzen, sie sind in die Ganzheit eingebunden. Und wieder rufen die »Dinge« und mit ihnen das
Leben. Während der Sommer der Ruf zum »Werden« ist, ist
der Herbst der Ruf zum »Sein«. Das gilt auch für die Jahreszeiten des Lebens! Nach der Kindheit und Jugendzeit kommt
das Erwachsenenalter und die Zeit der Reife, wo es nicht
mehr um das Werden, sondern um das Sein geht.

Das Herzchakra ist die Mitte der Chakren. Die »unteren«
Chakren sind durchschritten, jetzt gibt es ein Ausruhen, bevor
die »oberen« beginnen.

Ein Apfel ist nicht nur ein Ganzheits-Symbol, sondern
auch ein Eros-Symbol: Die Liebe ist das Verbindende, das
Vereinende (im Französischen heißt der Magnet »aimant«,
das bedeutet »der Liebende«, der anziehend und vereinigend
wirkt.) Im Herzchakra sind alle Gegensätze durch die Liebe
vereint.

Es gibt keine Ganzwerdung ohne Eros. Selbstwerdung ist
eine erotische Angelegenheit. Es geht um das Herbeilieben
der inneren Gestalten.

Die Erfahrung des Halschakras und des Winters

*Endlich kam es zu einem kleinen Haus, daraus guckte eine alte
Frau, weil sie aber so große Zähne hatte, ward ihm Angst, und es
wollte fortlaufen. Die alte Frau aber rief ihm nach: »Was fürchtest
du dich, liebes Kind? Bleib bei mir, wenn du alle Arbeit im Hause
ordentlich tun willst, so soll dir's gut gehn. Du musst nur acht
geben, dass du mein Bett gut machst und es fleißig aufschüttelst,
dass die Federn fliegen. Dann schneit es in der Welt; ich bin die
Frau Holle.« Weil die Alte ihm so gut zusprach, so fasste sich das
Mädchen ein Herz, willigte ein und begab sich in ihren Dienst. Es
besorgte auch alles nach ihrer Zufriedenheit und schüttelte ihr das*

Bett immer gewaltig auf, dass die Federn wie Schneeflocken umherflogen; dafür hatte es auch ein gut Leben bei ihr, kein böses Wort und alle Tage Gesottenes und Gebratenes.

Jetzt tritt Frau Holle auf. Bisher waren die Erfahrungen des Unbewussten noch im Bereich des Möglichen: die Wiese, der Backofen, der Apfelbaum, die gibt es auch in der vordergründigen Welt – aber jetzt kommt die Transzendenz ins Spiel. Das ist die Funktion des Halschakras: das Durchscheinend-Werden des Irdisch-Vordergründigen für das Transzendent-Hintergründige. Eine andere Dimension tritt in Erscheinung.

Frau Holle stellt sich vor mit den Worten: »*Ich bin* die Frau Holle.« Das erinnert an die Epiphanien der griechischen Gottheiten, wie sie uns in den homerischen Hymnen begegnen. So offenbart sich z.B. Demeter, die in fremder Gestalt auftrat, mit den Worten: »*Ich bin* Demeter«[84] oder Dionysios sagt: »*Ich bin* Dionysios«[85]. Auch Jesus gebraucht diese »*Ich bin*«- Formel an mehreren Stellen[86] (so z.B. auch, als er dem Saulus begegnet: »*Ich bin* Jesus«[87]). Durch diese Formel wird etwas von einem hintergründigen Wesen ausgedrückt.

Wer ist Frau Holle? In ihr sind verschiedene vorchristliche Göttinnen-Gestalten zusammengeflossen, hinter denen jedoch letztlich die Magna Mater, die Große Mutter steht. Frau Holle ist eine ganzheitliche Muttergottheit. In ihrem Namen steckt sowohl die Hulda (= die Holde) als auch die Hel (= die Unterwelt). Hel ist die Unterwelt im Sinne des Verbergenden. Wir haben dieses Wort noch im Begriff »Hehler«, der etwas verbirgt. Im Ver-bergen steckt auch der »Berg« und das Bergende. Das »Bergen« der Großen Mutter geschieht in der Hel (= in der Höhle). In der Vorstellung der Hel lebt sowohl die spendende Mutter als auch die zurücknehmende Mutter. Die großen Zähne sind Ausdruck der Vitalität, die uns schon in der Frühlingswiese begegnet ist, aber auch des Zupackens und Zubeißens. Die Frau Holle ist eine urkräftige Gottheit. Auf der anderen Seite ist sie liebevoll und redet Goldmarie mit »liebes Kind« an und sagt ihr »kein böses Wort«. Auch hier begegnet der Goldmarie die Gegenwelt zu der äußeren Welt.

Nach der Erfahrung der verstoßenden Mutter in der vordergründigen Welt begegnet Goldmarie jetzt die akzeptierende Mutter. Schwere Mutter-Traumata können letztlich nur durch die Begegnung mit der innerseelischen Großen Mutter geheilt werden. Es können noch so viele Erfahrungen mit positiven Frauen gemacht werden – wenn jemand eine tiefsitzende negative Muttererfahrung gemacht hat, dann sind solche Gegen-Erfahrungen nicht stark genug, sondern es muss sich innerlich die »Große Mutter« konstellieren. Dann beginnt der Heilungsprozess, weil in dieser ganzheitlichen »Großen Mutter« auch die negativen Mutter-Erfahrungen mit aufgenommen sind. Negative und positive Mütter werden in der »Großen Mutter« nicht mehr im Nacheinander erlebt, sondern im Miteinander. Alles ist in der »Großen Mutter« enthalten. Letztlich ist die Begegnung mit der Großen Mutter eine Gottesbegegnung. Denn nur in Gott ist alles enthalten.

Tragischerweise kam es im Christentum zur Abspaltung der Großen Mutter – und damit der Frau Holle – vom Gottesbild. Das Christentum hat die »positiven« Eigenschaften der Großen Mutter der Maria zugeordnet und die »negativen« den Hexen. Durch diese Spaltung wird Maria überhöht und nur »gut« und damit unirdisch blass, und die Hexen werden nur »böse« und damit zu dunkel.

Polarisierungen sind immer »teuflisch«. Der *Dia*-bolos (»Teufel«) ist der Spalter. Gott dagegen begegnet uns im *Sym*-bol, d.h. in der Vereinigung der Gegensätze.

Es geht also darum, dass die Pole wieder zusammenfinden. Gott sei Dank ist das Märchen von Frau Holle erhalten geblieben und damit ist wenigstens an einer Stelle die Große Mutter in der Volks-Seele lebendig geblieben!

Dass Frau Holle auch für den oberen Bereich zuständig ist, wird deutlich durch den Schnee. Das Märchen offenbart im vordergründigen Schneien den hintergründigen Holle-Aspekt. Der Schnee ist das Deckbett der Frau Holle, mit dem sie die Mutter Erde zudeckt – die Mutter Erde, die sie selber ist. (Auch die Federn gehören zur Frau Holle, denn die Gänse sind ein Attribut der Großen Mutter.) Indem Menschen den Schnee sehen, werden sie an Frau Holle erinnert. In manchen Gegenden heißt es noch heute, wenn es schneit: »Frau Holle schüttelt ihr Federbett«. Das Schneien hat, wie alle Naturvorgänge, auch eine hintergründige Dimension.

Die Hausarbeit, die das Mädchen verrichtet, ist ebenfalls wichtig. Vorher war es die versklavende Aschenputtel-Arbeit, jetzt ist es die befreiende Frau Holle-Arbeit. Das Haus der Frau Holle in Ordnung halten heißt, sich einüben ins Frau-Sein. Das Bettenschütteln macht deutlich: Es geschieht hintergründig etwas, wenn wir vordergründig das Naheliegende tun.[88]

Die Erfahrung des Stirnauges

Nun war es eine Zeit lang bei der Frau Holle, da ward es traurig und wusste anfangs selbst nicht, was ihm fehlte, endlich merkte es, dass es Heimweh war; ob es ihm hier gleich viel tausendmal besser ging als zu Haus, so hatte es doch ein Verlangen dahin. Endlich sagte es zu ihr: »Ich habe den Jammer nach Haus kriegt, und wenn es mir auch noch so gut hier unten geht, so kann ich doch nicht länger bleiben, ich muss wieder hinauf zu den Meinigen.« Die Frau

Holle sagte: »Es gefällt mir, dass du wieder nach Haus verlangst, und weil du mir so treu gedient hast, so will ich dich selbst wieder hinaufbringen.«

Alles geht einmal zu Ende, auch die Zeit des Rückzuges. Wenn wir uns »eine Zeit lang« auf die innere Reise begeben haben, vielleicht mit Hilfe eines Selbstwerdungs-Kurses[89] oder einer Analyse, geht diese Zeit einmal zu Ende und es wird uns innerlich klar, dass sich jetzt das, was wir in der Tiefe erlebt haben, im Alltag bewähren muss. Dieses »Ich-muss-wieder-hinauf« erinnert an das starke neutestamentliche »Muss«, bei dem von innen heraus etwas unausweichlich getan werden muss.[90] Es ist die Sehnsucht nach dem neuen Wirken, die in der Goldmarie wach wird. Nach der Phase der Introversion kommt wieder die Extraversion, d.h. eine neue Gegenbewegung. Die Erfahrungen der Tiefe müssen sich im Alltag bewähren. Spirituelle Erfahrungen müssen geerdet werden, müssen wieder in den Alltag eingebracht werden. Frau Holle bejaht das, denn es ist auch ihr Wille. Dem Chakra »Stirnauge« ist in der Vaterunser-Chakren-Meditation das Wort zugeordnet: »Dein Wille geschehe, wie im Himmel so auf Erden«[91], d.h. der Wille des wahren Selbst ist zum Willen des Ich geworden. Das, was »Frau Holle«, die Große Mutter, die innere Göttin, will, das will jetzt auch das Mädchen. Um diese Übereinstimmung geht es beim Stirnauge.

Die Erfahrung des Kronenchakras

Sie nahm es darauf bei der Hand und führte es vor ein großes Tor. Das Tor ward aufgetan, und wie das Mädchen gerade darunter stand, fiel ein gewaltiger Goldregen, und alles Gold blieb an ihm hängen, sodass es über und über davon bedeckt war. »Das sollst

*du haben, weil du so fleißig gewesen bist«, sprach die Frau Holle
und gab ihm auch die Spule wieder, die ihm in den Brunnen gefallen
war. Darauf ward das Tor verschlossen, und das Mädchen befand
sich oben auf der Welt, nicht weit von seiner Mutter Haus. Und
als es in den Hof kam, saß der Hahn auf dem Brunnen und rief:*

»kikeriki,

unsere goldene Jungfrau ist wieder hie.«

*Da ging es hinein zu seiner Mutter, und weil es so gut mit
Gold bedeckt ankam, ward es von ihr und der Schwester gut
aufgenommen.*

Die Goldmarie wird mit Gold überschüttet, d.h. sie nimmt
das Geschenk aus der Tiefe mit in die obere Welt. Das Gold,
das auf den Kopf fällt, ist ein Symbol für das Kronenchakra.
In manchen Märchen ist z.B. von einem goldenen Dach die
Rede[92] oder von goldenen Haaren[93]. Gold ist Zeichen des
Bleibenden, der Vollendung. Das Ziel ist erreicht. Das, was
in der Tiefe bearbeitet wurde, ist jetzt das Bleibende. Als
Gewandelte steigt Goldmarie aus der Tiefe, sie ist nicht mehr
das kleine Mädchen, sondern »unsere goldne Jungfrau«.

Auch die Spindel taucht wieder auf. Das Symbol der
Mühsal ist nicht einfach verschwunden, sondern es ist da, es
wird mit eingebracht. Alles bisher Erfahrene gehört zu unserem Leben, aber das Leben geht weiter, der Lebensfaden wird
weiter gesponnen. Die Goldmarie hat nun eine neue »Ausstrahlung«, ein neues Selbstwertgefühl. Selbst die Mutter und
die Schwester werden davon beeindruckt und können sie
nicht mehr so behandeln wie vorher. Sie hat nun eine innere
Stärke, sie ist nicht mehr das angepasste, verängstigte Mädchen, das einfach das macht, was die anderen Menschen
sagen, sondern die Goldmarie hat ein neues Selbstbewusst-
sein, das den andern eine gewisse Scheu einjagt.[94]

Ich erlebe es immer wieder, dass Menschen, die eine innere Reise angetreten und eine neue Ausstrahlung erlangt haben, von ihrer Umwelt anders behandelt werden – mit mehr Respekt.

Der Weg der Pechmarie

Das Mädchen erzählte alles, was ihm begegnet war, und als die Mutter hörte, wie es zu dem großen Reichtum gekommen war, wollte sie der andern hässlichen und faulen Tochter gerne dasselbe Glück verschaffen. Sie musste sich an den Brunnen setzen und spinnen, und damit ihre Spule blutig ward, stach sie sich in den Finger und stieß sich die Hand in die Dornhecke. Dann warf sie die Spule in den Brunnen und sprang selber hinein. Sie kam wie die andere auf die schöne Wiese und ging auf demselben Pfade weiter. Als sie zu dem Backofen gelangte, schrie das Brot wieder: »Ach, zieh mich raus, zieh mich raus, sonst verbrenn' ich, ich bin schon längst ausgebacken.« Die Faule aber antwortete: »Da hätt' ich Lust, mich schmutzig zu machen«, und ging fort. Bald kam sie zu dem Apfelbaum, der rief: »Ach, schüttel mich, schüttel mich, wir Äpfel sind alle miteinander reif.« Sie antwortete aber: »Du kommst mir recht, es könnte mir einer auf den Kopf fallen«, und ging damit weiter. Als sie vor der Frau Holle Haus kam, fürchtete sie sich nicht, weil sie von ihren großen Zähnen schon gehört hatte, und verdingte sich gleich zu ihr. Am ersten Tag tat sie sich Gewalt an, war fleißig und folgte der Frau Holle, wenn sie ihr etwas sagte; denn sie dachte an das viele Gold, das sie ihr schenken würde; am zweiten Tag aber fing sie schon an zu faulenzen, am dritten noch mehr, da wollte sie morgens gar nicht aufstehen. Sie machte auch der Frau Holle das Bett nicht, wie sich's gebührte, und schüttelte es nicht, dass die Federn aufflogen. Da ward die Frau Holle bald müde und sagte ihr den Dienst auf. Die Faule war das wohl zufrieden und meinte, nun würde der Goldregen kommen; die Frau Holle führte sie auch zu dem Tor, als sie aber darunter stand, ward statt des Goldes ein großer Kessel voll Pech ausgeschüttet. »Das ist zur Belohnung deiner Dienste«, sagte die Frau Holle und schloss das Tor zu. Da kam die Faule heim, aber die war ganz mit Pech bedeckt, und der Hahn auf dem Brunnen, als er sie sah, rief:

»kikeriki,

unsere schmutzige Jungfrau ist wieder hie.«

Das Pech aber blieb fest an ihr hängen und wollte, solange sie lebte, nicht abgehen.

Die Stiefmutter ist neidisch auf Goldmarie und will für ihre Tochter dasselbe Glück. Neid kann seine Wurzeln in einer positiven Projektion haben. Eine solche Projektion kann unsere eigenen Möglichkeiten offenbaren.

Pechmarie scheint jedoch so träge zu sein, dass sie selbst zum Neid zu bequem ist. Die Mutter ist die Agierende. Wenn Menschen von anderen auf die innere Reise geschickt werden, ist dies eine recht fragwürdige Ausgangslage! Es geschieht dann häufig Imitation statt Initiation, ein Kopieren statt ein Kapieren! Imitation ist ein Weg ohne Wandlung.

Bei der Pechmarie ist die Imitation verbunden mit einer falschen Zielvorstellung: möglichst schnell und möglichst leicht einen großen Gewinn erlangen.

Die Pechmarie macht sich ohne Leidensdruck und ohne eigenen Antrieb und mit falscher Zielvorstellung auf die innere Reise. Das kann nicht gut gehen. Die Pechmarie handelt nicht aus Notwendigkeit, sondern stürzt sich ohne Not in ein spirituelles Abenteuer. In einer modernen Beschreibung einer »Pechmarie« heißt es: »Sie nimmt die Zeichen und Anrufungen ihres Unbewussten nicht wahr. Sie läuft sich selbst davon. Deshalb wird sie lebenslang vom Pech ihres eigenen Unbewussten verfolgt. Sie ist eine Frau, die keine Kraft mehr findet, dem Ruf aus der Tiefe Folge zu leisten. Sie ist ein Konsum-Kind, ein Fernseh-Baby, sie eilt durch die Stationen ihres Lebens, vollständig isoliert von aller Schönheit ... Sie nimmt Drogen, um sich zeitweise mutternah zu erleben und um das Pech, das ihr anhaftet, nicht sehen zu müssen.«[95]

Die Pechmarie wäre bei einer solchen »objektstufigen« Deutung des Märchens eine völlig andere Gestalt als die Goldmarie. Subjektstufig gilt jedoch: Goldmarie und Pechmarie sind zwei Seiten ein- und derselben Person.[96] Es sind zwei Möglichkeiten, das Leben zu gestalten.

Das Handeln der Pechmarie ist ein lustloses Handeln. Sie hat »Null-Bock«. Pechmarie lässt sich nicht ein auf den Anruf der Dinge, ergreift nicht den »Kairos«, den rechten Zeitpunkt für das jeweils notwendige Tun – und läuft so am Leben vorbei. Pechmarie ist ein »Ja, aber«-Mensch. »Ja, aber«-Menschen haben immer einen Grund, um sich nicht auf die innere Reise einzulassen.

Pechmarie fürchtet sich auch nicht vor der Frau Holle. Sie weiß ja theoretisch schon alles – es kann sie nichts mehr überraschen. Sie hört deshalb weder das »Fürchte dich nicht« (sie erlebt kein »Tremendum«[97]) noch das Epiphanie-Wort: »*Ich bin* die Frau Holle.« (Sie erlebt kein »Fascinosum«[98].) Pechmarie hat auch kein Gespür für die Zeit des Abschieds. Frau Holle schickt sie fort. Das innere Pech, d.h. die ungewandelte schwarze Tiefe, wird nun auch äußerlich sichtbar. Bei einem Menschen, der sich nicht auf die innere Reise begibt, bleibt das Pech lebenslang hängen.

Zwei innerseelische Möglichkeiten werden uns in der Gestalt der Pechmarie und der Goldmarie vor Augen gemalt.

Falls wir bisher die Pechmarie-Seite gelebt haben, haben wir jederzeit die Möglichkeit zu einem Neubeginn. Dabei ist es freilich wichtig, dass wir zunächst einmal erkennen, dass wir uns das »Pech« selber inszenieren. Es ist ein äußerer Ausdruck unserer inneren Einstellung. Es geht also darum, dass wir unsere innere Einstellung ändern, dass wir statt zu imitieren und ständig »ja, aber« zu sagen, dem Ruf des Lebens folgen und dann den Weg gehen, den Goldmarie uns vorzeichnet.

Der Weg der Chakren als Lebensweg

Der Weg durch die Chakren ist nicht nur ein individueller Weg – er ist auch der Weg der Menschheit. So schreibt C.G. Jung: »Auch in der Geschichte können wir den Kundalini-Prozess beobachten: Zuerst entstand das Bauchbewusstsein des primären Menschen, der nur bemerkte, was ihm auf dem Bauch oder im Magen lag. Dann entwickelte sich das Zwerchfellbewusstsein des homerischen Menschen, der seine Emotionen fühlte, was sich in Spannungszuständen der Atmung und in Veränderungen des Herzschlages äußerte. Erst der moderne Mensch hat gemerkt, dass auch der Kopf affiziert werden kann. Vorher war dieser nicht viel mehr als ein Knopf auf einem fühlenden Körper.«[1]

Diesen Entwicklungsprozess können wir in einer Plastik aus dem 11. Jh. erkennen[2] (siehe Seite 184).

Die Kreise auf dieser Plastik können wir als Bewusstseins-Erfahrungen deuten. Sie zeigen, dass Menschen im Mittelalter erlebten, dass sich in ihrem Körper nicht nur unten (in der Bauch-Region) und nicht nur in der Mitte (im Zwerchfell- und Herzbereich) etwas bewegt, sondern auch im Kopf, d.h. sie spürten die Chakren in diesen Bereichen.

Von der heutigen Menschheit meint C.G. Jung, dass die höchstentwickelten Völker im Anahata angelangt sind[3], während andere noch im Svadhisthana oder im Manipura leben.

Was von der Menschheit als Ganzes gilt, gilt jedoch nicht für den einzelnen Menschen. Ganz im Gegenteil: Jeder einzelne Mensch ist dazu aufgerufen, den Chakrenweg immer wieder zu durchwandern und seine Erfahrungen mit den einzelnen »Stufen« zu vertiefen; denn »alles, was im Unbewussten liegt, will Ereignis werden und auch die Persönlichkeit will sich aus ihren unbewussten Bedingungen entfalten und sich als Ganzheit erleben«[4].

Der Weg der Chakren ist unser aller Lebensweg. Dies gilt sowohl für die Gesamtheit unseres Lebens als auch für die jeweilige Gegenwärtigsetzung des Chakrenweges in der Meditation. Wir können den Weg der Chakren mit einer Reise vergleichen:

Das *Wurzelchakra* ist der Ausgangspunkt unserer Wanderung. Dort rüsten wir uns aus mit der notwendigen Kleidung, Verpflegung und mit allem, was wir sonst noch für unsere Reise brauchen. All das bietet uns die Erde.

Im *Polaritätschakra* wagen wir den Aufbruch. Wir werden von einer inneren Unruhe gepackt und wissen, dass wir uns auf den Weg machen müssen[5], und wir machen uns auf den Weg. Wir maschieren los.

Das *Sonnengeflechtschakra* steht für die Mühsale des Weges. Wir wandern durch Wüsten und Einöden, durch glühende Hitze und grimmige Kälte, bedroht von mancherlei Gefahren.

Das *Herzchakra* symbolisiert einen Zwischenhalt. Wir rasten und genießen die Ruhe. Wir essen und trinken und haben Gemeinschaft mit anderen Menschen. Dann machen wir uns wieder auf den Weg.

Im *Halschakra* begegnen uns Reisegefährten: Engel und innere Helfer. In ihnen begegnen wir der jenseitigen Welt und uns selber. Die Reisegefährten bewahren uns vor falschen Wegen und schützen uns vor Gefahren.

Das *Stirnauge* steht für den Wegweiser, für die innere Stimme, für die Stimme Gottes, die uns auf unserer Reise den richtigen Weg zeigt.

Das *Kronenchakra* ist das Ziel unserer Lebensreise. Es ist das »Himmlische Jerusalem«[6], dem wir alle entgegenreisen.

Der Weg der Chakren ist Symbol unserer Lebensreise. In der Chakren-Meditation können wir die einzelnen Stationen dieses Weges immer wieder einüben – in der Rückschau und in der Vorschau – und dadurch unserer Selbstwerdung und Ganzheit entgegenreifen.

Anhang

Anmerkungen

Einführung

1 Vgl. hierzu A. Bittlinger »Das Vaterunser« (siehe Literaturverzeichnis), 11 ff.
2 Vgl. hierzu a.a.O. 18 f.

Der Individuationsweg und die Charkensymbole

1 Avalon 1918
2 v. Koenig-Fachsenfeld 1931 und 1932; Fierz-Wolf 1933; Spring 1975 und 1976;
   Jung 1976; Collected Works Vol. 16 (2nd edition), 540 ff.
3 Jung 1971 a, 825
4 Jung 1968, 162
5 Jung 1968, 162; Spring 1975, 63
6 Jung 1971, 828
7 v. Franz in Jung 1968, 163
8 Jung 1968, 163
9 Jung 1968, 164
10 Jung 1971 a, 821
11 Jung 1968, 165-229; Jacobi 1971, 46 ff.; Jung 1971, 189 ff. u.a.
12 Jung 1976 a, 81 f.; Jung 1981, 17; Jung 1976 b, 127 ff.; Jung 1976 c, 44 f.
13 Jung 1968, 224
14 Jung 1976 a, 81 f.; Jung 1981, 17; Fierz-Wolf, 153 ff.
15 So z.B. eine Plastik aus dem 11. Jahrhundert in der Jakobuskirche in Tübingen (s. S.184) und die bisher unveröffentlichten Kraftortforschungen des schweizer Architekten P. Leibundgut-Honegger.
16 Jung 1981, 17

188

17 Andrae 1976
18 Bittlinger 1995 a, 37 ff. u. 147 ff.; vgl. das Kapitel »Der Weg der Chakren in Bibel und Märchen« in diesem Buch.
19 Jung 1976 c, 143
20 A.a.O.
21 Jung 1981, 17
22 Jung 1981, 1331
23 Jung 1976 a, Bild 25; Jung-Wilhelm 1971, Bild 5, s.S. 15
24 Jung-Wilhelm 1971, 57
25 Jung 1976 a, 679
26 Fierz-Wolf, 111
27 Fierz-Wolf, 60
28 Hauer in Fierz-Wolf, 34
29 Fierz-Wolf, 34 f.
30 Fierz-Wolf, 35
31 Fierz-Wolf, 110 ff.
32 Fierz-Wolf, 112
33 Jung 1971 a, 884
34 Fierz-Wolf, 131
35 Jung in Fierz-Wolf, 112
36 Fierz-Wolf, 121
37 Jung 1976 c, 420
38 Jung 1976 c, 421
39 Jung 1976 c, 406 f.
40 Jung 1976 c, 143
41 v. Franz 1980, 222
42 Jung 1976 c, 407
43 Spring 1976, 1
44 Fierz-Wolf, 134; der Elephant ist Symboltier des Vishudhi
45 Spring 1976, 6
46 Spring 1976, 9 f.
47 Spring 1976, 7
48 Spring 1976, 17
49 Jung nennt dieses innere Sehen »Augen des Hintergrundes« (»Erinnerungen, Träume, Gedanken«, Olten 1971, 56)
50 Vgl. hierzu Bittlinger 1990, 87 ff.
51 Jung in Spring 1976, 17
52 Spring 1976, 19
53 Spring 1976, 1
54 Fierz-Wolf, 144
55 Spring 1976, 18
56 v. Franz 1980, 223

Die Chakrensymbole und der Weg der Chakren

1 Vgl. hierzu S. Wallimann »Umpolung«, Freiburg 1988, 4 f.; außerdem Jung 1981 a, 1331; Bittlinger 1990, 12 f.
2 Fierz-Wolf, 110 ff.
3 Jung in Fierz-Wolf, 131
4 v. Franz in Jung 1968, 161
5 Vgl. S. Freud 1969, 50 ff.
6 Vgl. hierzu Jung 1971 a
7 Vgl. dazu Bittlinger 1993, 74 ff.
8 Es gibt Tests, mit denen man feststellen kann, was für ein Typ der Einzelne ist. Ich finde es jedoch besser, wenn man im alltäglichen Umgang mit Menschen (und mit begleitender Lektüre von C.G. Jung, GW 6) allmählich seine Stärken und seine Schwächen erkennt.
9 Vgl. hierzu Bittlinger 1995 b, 218-223
10 Vgl. hierzu Bittlinger 1996
11 Jung 1971 a, 880
12 Jung 1971 a, 878
13 Jung 1971 a, 879
14 Jung 1978, Bild 26
15 Jung 1978, 334
16 Genesis 1, 16
17 Jung 1971 a, 884
18 Fierz-Wolf, 131
19 Fierz-Wolf, a.a.O.
20 Nach Spring 1975, 14; Jung vergleicht die Kundalini auch mit der Dame, für die der mittelalterliche Ritter die größten Strapazen auf sich nimmt.
   Der »göttliche Impuls« entspricht dem »göttlichen Muss« im Neuen Testament, z.B. Johannes 4, 4
21 Fierz-Wolf, 58
22 Spring 1975, 11
23 Fierz-Wolf, 12
24 »Die Bekanntschaft mit dem Leviathan bedeutet entweder Wiedergeburt oder Vernichtung.« Jung in Spring 1975,11; vgl. hierzu die Jona-Erzählung im Alten Testament.
25 Fierz-Wolf, 112
26 Zum Thema »Projektion« vgl. v. Franz 1978 und P. Schellenbaum »Wir sehen uns im andern«, Kindhausen 1986
27 Jeremia 9, 8
28 Ich zitiere aus J. Firges »Der Blick bei Jean-Paul Sartre«, Kindhausen, Metanoia 1996, 27 f.
29 Vgl. hierzu Morton Kelsey »Lieben lernen«, Metzingen 1987, 169 ff.
30 Dorothea hat diesen Traum anschließend gezeichnet. Das Bild ist veröffentlicht in A. Bittlinger »Das Vaterunser«, S. 38
31 Fierz-Wolf, 121

32 Fierz-Wolf, 126

33 Amaldas 1986, 107

34 Jung 1976 c, 421

35 Jene Frau hat diese Vision anschließend gezeichnet; das Bild ist veröffentlicht in Bittlinger 1990, 54

36 Vgl. hierzu A. Bittlinger »Der Weg Jesu«, 131 ff.

37 Jung 1978, Bild 26; abgebildet in diesem Buch S. 43

38 Jung 1978, Bild 28

39 Jung 1978, 337

40 Mit ihren flossenähnlichen Füßen befindet sie sich dagegen noch im Polaritätschakra.

41 v. Franz 1978, 20; vgl. hierzu Lukas 5, 7

42 2 Korinther 12, 7 ff.

43 Vgl. hierzu A. Bittlinger »Heimweh nach der Ewigkeit«, 80 f.

44 Jung-Wilhelm 1971, 35

45 Vgl. v. Franz in Jung 1968, 185

46 Vgl. v. Franz in Jung 1968, 194

47 Vgl. v. Franz 1980, 222 ff.

48 Amaldas 1986, 107

49 Genesis 1, 3

50 Psalm 37, 4

51 Z.B. in Klettgau-Bühl

52 Jung 1976 c, 421

53 Thomas-Evangelium 50

54 Vgl. hierzu A. Bittlinger »Im Kraftfeld des Heiligen Geistes« (Marburg 1968), 124

55 Fierz-Wolf, 123

56 A.a.O.

57 Jung 1976 c, 406 f.

58 Bittlinger 1990, 73 ff.

59 Jung 1976 c, 406

60 A.a.O.

61 Bittlinger 1994, 227 u. 371 (Anm. 283)

62 Vgl. D.H. Salman »La Regression au Service du Moi dans l'Expérience religieuse« in : Archiv für Religionspsychologie, Bd. 9 (1967), 49 ff.

63 Jung 1976 c, 421

64 Vgl. Bittlinger 1994, 223

65 Spring 1976, 1

66 A. Rosenberg, Engel und Dämonen, München 1967, 58 f.

67 Fierz-Wolf, 72; hebräisch »RAKIA« (Genesis 1, 6-8; vgl. Die blaue Farbe des »Himmels«!)

68 Fierz-Wolf, 72; »sthula« ist der grobstoffliche, mit den Sinnen wahrnehmbare Aspekt, vgl. Fierz-Wolf, 18

69 Fierz-Wolf, 133

70 Fierz-Wolf, 134

71 Plato, Apologie 31 d
72 Apostelgeschichte 16, 7
73 Spring 1976, 6
74 Spring 1976, 9 f.
75 Spring 1976, 5
76 Jung 1971 a, 894 ff.
77 Jung 1976 a, 80
78 Spring 1976, 17
79 Spring 1976, 17
80 Johannes 1, 18; Kolosser 1, 15
81 Römer 8, 29; unser Selbst (d.h. das, was wir eigentlich sind) ist ein Abbild Christi.
82 Fierz-Wolf, 134
83 Römer 8, 16
84 Vgl. hierzu Bittlinger 1990, 87 ff.
85 Spring 1976, 17
86 Vgl. hierzu Angelus Silesius (Cherubinischer Wandersmann):
»Wo Christus noch nicht wirkt,
da ist er auch noch nicht,
wenngleich der Mensch von ihm
viel singet oder spricht.«
87 Fierz-Wolf, 87
88 Spring 1976, 1
89 Vgl. hierzu Offenbarung 21, 2
90 Fierz-Wolf, 70
91 Nach kabbalistischer Lehre ist das JOD auch im ersten Buchstaben der Bibel enthalten, nämlich umgekehrt rechts unten im Beth ב
– Da das Hebräische von rechts nach links geschrieben wird, beginnt die Heilige Schrift tatsächlich mit diesem »JOD«.
92 Die Juden sagen stattdessen »Adonai«, »Himmel« oder »NAME«.
93 Genesis 1, 26
94 Diese Differenzierung führt zur Polarisierung (Genesis 3, 12), die erst durch den Geist Christi überwunden (Galater 3, 28) und dadurch in eine dynamische Polarität verwandelt wird.
95 In der Bibel ist das Paradies (Genesis 2) Symbol für die unentfaltete Einheit. Das Himmlische Jerusalem (Offenbarung 21 f.) dagegen ist Symbol für die entfaltete oder differenzierte Einheit.
96 Johannes 7, 38 beschreibt die Wirklichkeit, die die nach unten gerichteten Lotosblüten symbolisieren. Im Neuen Testament wird nicht nur die unmittelbar erfahrbare Wirklichkeit geschildert, sondern das Neue Testament bietet auch eine Vorschau bis hin zum Ende des großen Weltenjahres (Bittlinger 1997) und noch darüber hinaus. So ist das, was Jesus gesagt hat, nicht irgendwann überholt, sondern im Gegenteil, wir tasten uns erst allmählich an das Verständnis dessen heran, was Jesus gesagt hat. So heißt es im Johannes-Evangelium: »Ich hätte euch noch viel zu sagen, aber

ihr könnt es jetzt nicht ertragen« (Johannes 16, 12). Vieles von
dem, was Jesus gesagt hat, war zu seiner Zeit noch »unerträglich«
und unverständlich.

97 Avalon 1918
98 Offenbarung 4, 9-11
99 Leadbeater 1986, 12
100 S. Seite 31 f. »Lemniskate«

Die Symbolfarben der Chakren

1 Eindrückliche Abbildungen solcher »natürlicher« Farben in Wallimann, Umpolung 1988 und Leadbeater 1986
2 Fierz-Wolf, 63, 91 f.; 93 u.a.
3 Hauer unterscheidet zwischen Kollektiv-Symbolen, Gruppensym-
bolen und individuellen Symbolen; Fierz-Wolf, 88 f. Die persönlichen Chakrenfarben sind »individuelle« Symbole.
4 Vgl. Bittlinger 1995 b, 246 f.
5 EG 449, 1
6 Ezechiel 1, 12 ff.
7 Sirach 40, 22
8 Vgl. hierzu KHM 91: »Da ärgerten sik die beiden so viel, dat se
gehl un grön wören.« Vgl. dazu Bittlinger 1994, 363 (Anm. 156)
9 Ch-Gh 1003
10 Vgl. hierzu G. Wosien »Die Sufis und das Gebet in Bewegung«,
Kindhausen, Metanoia 1998
11 Griechische Christen entdeckten im Wort CHLOROS (»grün«) auch
einen Hinweis auf das Christusmonogramm, weil die erste Silbe
von »CHLOROS« mit einem X (»CHI« = CH) beginnt und die
zweite Silbe mit einem P (»RO« = R): ☧. Das sind die Anfangs-
buchstaben von **CHRI**STUS.
12 Vgl. hierzu Bittlinger 1990, 81 ff.
13 Genesis 1, 2
14 I. Riedel, Farben, Stuttgart 1983, 138
15 Zu »Harmonisierungsübungen« siehe S. 30 f.

Die persönlichen Chakren-Tiere

1 O. Preussler, Krabat, dtv 2540, 39
2 Ezechiel 1, 10; Offenbarung 4, 7
3 E.S. Galegos »The Personal Totem Pole« 1987, deutsch: »Indiani-
sches Chakren-Heilen«, München 1991
4 Vgl. hierzu A. Bittlinger »Christlicher Glaube und Astrologie«,
Kindhausen 1995

5 Zitiert in Esotera 2/97, 30
6 Mündlicher Bericht von Christian Lerch, der diese Imagination mit seiner Schulklasse durchführte.
7 GW 10, 32

Der Weg der Chakren in Bibel und Märchen

1 1 Petrus 2, 21
2 Jung 1971 c, 146
3 Matthäus 15, 19; vgl. auch die Stimme Satans in Matthäus 4, 1 ff.; Lukas 4, 1 ff.
4 Matthäus 12, 34; Lukas 6, 45
5 Matthäus 4, 1 ff.; Markus 1, 12 f.; Lukas 4, 1 ff.; vgl. auch Matthäus 16, 22 f.
6 Vgl. hierzu die Gleichnisse Jesu, z.B. Matthäus 13, Lukas 15, Johannes 15, 1-8; u.a.
7 Z.B. das Speisungswunder und die Deutung Johannes 6,1 -15 und Johannes 6, 22 f. oder die Totenauferweckung Johannes 11, 1 ff. und die Deutung Johannes 11, 35 f.
8 Vgl. hierzu Bittlinger 1995 a, 37 ff.
9 Markus 1, 11
10 Markus 1, 12 f.
11 Römer 8, 3
12 Hebräer 4, 15
13 Vgl. Lukas 23, 12; Epheser 2, 14 u.a.
14 Vgl. A. Bittlinger, Im Kraftfeld des Heiligen Geistes, 1968, 124
15 2 Korinther 3, 18
16 Johannes 4, 34
17 Johannes 6, 38
18 S. Kierkegaard, Werke (1. Aufl.) V, 149
19 Vgl. hierzu Lukas, 5, 8; 7, 6 f. u.a.
20 Vgl. Matthäus 26, 41 + 69 ff.
21 Vgl. Matthäus 18, 21 ff.
22 Lukas 22, 35
23 Matthäus 14, 13 ff.; Matthäus 6, 30 ff.; Lukas 9, 10 ff.; Johannes 6, 5 ff.
24 Johannes 6, 26-35
25 Das griechische Wort epi-ousios bedeutet sowohl »tägliches« Brot (= Brot, das den Leib ernährt) als auch »wesentliches« Brot (= Brot, das die Seele ernährt).
26 Dies entspricht der »Rückkehr« vom Kronenchakra zum Wurzelchakra. Dazu schreibt Hauer (Fierz-Wolf, 87): »Dann kehrt die Kundalini ... wieder zurück zum muladhara durch all die Cakra hindurch, und gibt all diesen Cakra d.h. all diesen verschiedenen

Bereichen eine neue Kraft, dem Menschen eine neue Sicht. Und nun lebt der Jogin von diesem Augenblick an in der Tat das weltliche irdische Leben in einer neuen Weise.« Das könnte man auch von einem Menschen sagen, der das Vaterunser lebensmäßig erfahren hat und dann im Vaterunser-Gebet zum AMEN zurückkehrt.

27 S. Anm. 89 (S. 196)
28 KHM 6 (Der treue Johannes)
29 Z.B. Der Blaubart (in Französische Märchen, Düsseldorf 1963)
30 Bei der schwarzen Frau (Märchen aus dem Donaulande, Jena 1926) vgl. auch M.L. v. Franz: »Bei der schwarzen Frau«, in: W. Laiblin: Märchenforschung und Tiefenpsychologie, Darmstadt 1972
31 KHM 3 (Marienkind)
32 Die Prinzessin auf dem Baum
33 In »Der treue Johannes« (KHM 6) sind es hundert Räume! Das Motiv der unbekannten Räume begegnet auch in vielen Träumen.
34 KHM 24 (Frau Holle)
35 KHM 21 (Aschenputtel) u.a.
36 KHM 63 (Die drei Federn) u.a.
37 KHM 107 (Die beiden Wanderer), KHM 60 (Die zwei Brüder), KHM 89 (Die Gänsemagd) u.a.
38 Vgl. hierzu A. Bittlinger »Das Vaterunser«, a.a.O., S. 47
39 KHM 57
40 KHM 91
41 KHM 97
42 KHM 19
43 KHM 57 (Der goldene Vogel)
44 2 Korinther 4, 7
45 2 Korinther 12, 7
46 Vgl. hierzu M. L. v. Franz »Die Suche nach dem Selbst«, München 1985, S. 70 ff.
47 Russische Volksmärchen, Köln 1959, S. 137
48 Symbol für eine solches »Vertrauen« ist auch die Hummel. Dazu eine Lesefrucht aus einem Kalender: »Die Hummel wiegt 4,8 g. Sie hat eine Flügelfläche von 1,45 cm^2 bei einem Flächenwinkel von 6°. Nach dem Gesetz der Aerodynamik kann die Hummel nicht fliegen. Aber die Hummel weiß das nicht.«
49 Z.B. KHM 3 (Marienkind)
50 Lukas 23, 42 f.
51 KHM 36
52 KHM 103
53 KHM 17
54 KHM 15
55 KHM 53
56 KHM 11
57 1 Korinther 11, 28 ff.

58 Z.B. KHM 145 (Der undankbare Sohn), KHM 103 (Der süße Brei)
    u.a.

59 KHM 57

60 KHM 62

61 KHM 63

62 Vgl. hierzu auch C.G. Jung: »Das Prinzip der christlichen Nächs-
    tenliebe kann sich auch auf das Tier, nämlich das Tier in uns,
    erstrecken ...« (GW 10, 32)

63 KHM 99 (Der Geist im Glas); KHM 55 (Rumpelstilzchen) u.a.

64 Das wird besonders deutlich in KHM 6 (Der treue Johannes). Vgl.
    hierzu auch Galater 3, 28: »Da ist nicht Jude noch Grieche, nicht
    Sklave noch Freier, nicht Mann noch Frau; sondern ihr alle seid
    eine Einheit in Christus.«

65 Vgl. hierzu den Schluss von KHM 57 (Der goldene Vogel)

66 Apostelgeschichte 17, 38

67 Offb 22, 2 und 9; vgl. auch »Es war einmal« 17 ff.

68 KHM 156 (Die Schlickerlinge), KHM 184 (Der Nagel) u.a.

69 KHM 15 (Hänsel und Gretel), KHM 26 (Rotkäppchen) u.a.

70 KHM 179 (Die Gänsehirtin am Brunnen), KHM 57 (Der goldene
    Vogel), KHM 6 (Der treue Johannes) u.a.

71 KHM 24; weitere Märchendeutungen des Verfassers sind erschie-
    nen im Metanoia-Verlag, Postfach, CH-8963 Kindhausen

72 Vgl. hierzu A. Bittlinger »Es war einmal«, 112 ff. u. 124

73 KHM 21

74 In der Analytischen Psychologie bedeutet das SELBST (oder »das
    wahre Selbst«) die Gesamtpersönlichkeit, also den bewussten und
    den unbewussten Bereich der menschlichen Psyche. Das Selbst
    »drückt die Einheit und die Ganzheit der Gesamtpersönlichkeit
    aus« (C.G. Jung, GW Bd. 6, § 891); vgl. hierzu S. 20

75 Vgl. »Es war einmal«, S. 226 ff.

76 Lukas 14, 26; vgl. hierzu: »Der Weg Jesu«, S. 16; »Heimweh nach
    der Ewigkeit«, S. 69 ff.

77 Johannes 3, 4

78 Vgl. hierzu: »Es war einmal«, S. 223 f.

79 Genesis 28, 10 ff.

80 2 Korinther 4, 17

81 Didache 9, 4; vgl. hierzu: A. Bittlinger »Das Abendmahl« (Craheim
    1969), S. 33 ff.

82 Vgl. A. Bittlinger, »Die Weltzeitalter«, 2. Auflage, Kindhausen
    1997, S. 27 ff.

83 Augustinus, Confessiones VIII, 12

84 Hom. Hymn. II, 268

85 Hom. Hymn. VII, 56

86 Johannes 8, 12; 10, 11; 11, 25 u.a.

87 Apostelgeschichte 9,5

88 Vgl. hierzu: »Es war einmal« S. 72 ff.

89 Auskunft über Kurse erteilt
Studiengemeinschaft, Postfach 7, CH-8219 Trasadingen, oder
Studiengemeinschaft, Postfach 1269, D-79767 Klettgau
90 Vgl. hierzu: »Der Weg Jesu«, S. 30 ff.
91 Vgl. »Das Vaterunser«, S. 87 ff.
92 Z.B. KHM 6
93 Z.B. KHM 89
94 Vgl. hierzu: Apostelgeschichte 5, 13
95 S. Rüttner Cova, »Frau Holle«, Basel 1986, S. 66
96 Im Fernseh-Märchenfilm »Frau Holle« (D-1961 mit Lucie Englisch
und Madeleine Binsfeld) will ein Prinz die von Frau Holle zurück-
gekehrte Goldmarie auf sein Schloss mitnehmen. Goldmarie ist
dazu nur bereit, wenn auch Pechmarie und die Stiefmutter mit-
kommen dürfen. Und so fahren die beiden auf dem Rücksitz der
Kutsche mit. Ein schönes Bild für die Tatsache, dass es Ganzheit
nicht ohne Integration des Gegenpols gibt.
97 Vgl. hierzu A. Bittlinger 1995 c, 8 f.
98 A.a.O.

Der Weg der Chakren als Lebensweg

1 Fierz-Wolf, 102; Jung verweist in diesem Zusammenhang auf
afrikanische Felsenbilder, auf denen »Menschen mit außerordentlich langen Körpern« wiedergegeben sind, »auf denen z.T. ganz
klein, z.T. nur andeutungsweise Menschen- oder Tierköpfe sitzen.«
2 Plastik in der St. Jakobus-Kirche in Tübingen, 11. Jahrhundert
3 Fierz-Wolf, 134, u.a.
4 C.G. Jung in »Erinnerungen, Träume, Gedanken«, Olten 1971, 10
5 Vgl. hierzu Bittlinger 1994, 224 ff.
6 Offenbarung 21 f.

Literatur

Amaldas Swami: Jeshu Abba Consciousness, Bangalore 1986

Andrae V.: Chymische Hochzeit, Stuttgart, Calwer 1976

Avalon A. (Sir John Woodroffe): The Serpent Power, Madras, Ganesh & Co. 1918; dtsch: »Die Schlangenkraft«, München, O. W. Barth, 1988

Bittlinger A.: Das Vaterunser – erlebt im Licht von Tiefenpsychologie und Chakrenmeditation, München, Kösel 1990

Bittlinger A.: Heimweh nach der Ewigkeit, München, Kösel 1993

Bittlinger A.: Es war einmal – Grimms Märchen im Lichte von Tiefenpsychologie und Bibel, München, Droemer/Knaur 1994

Bittlinger A.: Der Weg Jesu – Urbild unseres Weges, München, Droemer/Knaur 1995a

Bittlinger A.: Das Geheimnis der christlichen Feste – tiefenpsychologische und astrologische Zugänge, München, Kösel 1995b

Bittlinger A.: Religion und Kulthandlungen im Lichte der Analytischen Psychologie, Kindhausen, Metanoia 1995c

Bittlinger A.: Christlicher Glaube und Astrologie, Kindhausen, Metanoia 1996

Bittlinger A.: Die Weltzeitalter, Kindhausen, Metanoia 1997

Fierz-Wolf (Hrsg.): Bericht über das Seminar von Prof. Dr. J. W. Hauer 3. - 8. Oktober 1932 im psychologischen Club Zürich (Vervielf.) Zürich 1933

v. Franz M. L.: Spiegelungen der Seele, Stuttgart, Kreuz 1978

v. Franz M. L.: Alchemy, Toronto, Inner City books 1980

Freud S.: Vorlesungen zur Einführung in die Psychoanalyse, Bd. I, Frankfurt, Fischer 1969

Jacobi J.: Der Weg der Individuation, Olten, Walter 1971

Jung C.G. u.a.: Der Mensch und seine Symbole, Olten, Walter 1968

Jung C.G.: Psychologische Typen, GW6, Olten, Walter 1971a

Jung C.G.: Die Beziehungen zwischen dem Ich und dem Unbewussten, GW7, Olten, Walter 1971b

Jung C.G. und Wilhelm R.: Das Geheimnis der Goldenen Blüte, Olten, Walter 1971

Jung C.G.: Über die Archetypen des kollektiven Unbewussten, GW9/1, Olten, Walter 1976a

Jung C.G.: Das Zeichen der Fische, GW9/2, Olten, Walter 1976b

Jung C.G.: Zur Psychologie westlicher und östlicher Religionen, Olten, Walter 1971c

Jung C.G.: The Visions Seminar, Zürich, Spring Publ. 1976c

(Die Übersetzungen aus dem Englischen stammen vom Vf.)

Jung C.G.: Der philosophische Baum, GW13, Olten, Walter 1978

Jung C.G.: Über Grundlagen der Analytischen Psychologie, GW18, Olten, Walter 1981

Jung C.G.: Erinnerungen, Träume, Gedanken, Olten 1971d

Kelsey M. T. : Lieben lernen, Metzingen 1987

v. Koenig-Fachsenfeld (Hrsg.): Bericht über das Deutsche Seminar von Dr. C.G. Jung 6. - 11. Oktober 1930 in Küsnacht-Zürich (Vervielf.), Stuttgart 1931

v. Koenig-Fachsenfeld (Hrsg.): Bericht über das Deutsche Seminar von Dr. C.G. Jung 5. - 10. Okt. 1931 in Küsnacht-Zürich (Vervielf.), Stuttgart 1932

Leadbeater C.W.: Die Chakras, Freiburg, Bauer 1986

SPRING – an Annual of Archetypal Psychology and Jungian Thought, New York, Spring Publ. 1975 (Die Übersetzungen aus dem Englischen stammen vom Vf.)

SPRING – an Annual of Archetypal Psychology and Jungian Thought, New York, Spring Publ. 1976 (Die Übersetzungen aus dem Englischen stammen vom Vf.)

Wie mir die »Erbengemeinschaft C.G. Jung« nach Fertigstellung des Manuskripts mitteilte, erschien eine offizielle Ausgabe der englischen Chakrenvorträge von C.G. Jung in der Princeton University Press und bei Routledge London unter dem Titel »The Psychology of Kundalini Yoga« (Hrsg. S. Shamadasani). Eine deutsche Ausgabe ist im Walter-Verlag in Vorbereitung (voraussichtlicher Titel: »Die Psychologie des Kundaliniyoga«). – Ebenso ist eine offiziell edierte Fassung des englischen »Visions Seminar« bei Princeton University Press erschienen.

Abkürzungen

Ch-Gh: Jean Chevalier und Alain Gheerbrant, Dictionnaire des Symboles, Paris 1982
EG: Evangelisches Gesangbuch, 1995
GW: Gesammelte Werke von C.G. Jung
KHM: Kinder- und Hausmärchen, gesammelt durch die Brüder Grimm, 1857

Bildnachweis

Chakrensymbole: Avalon 1988 – Körperübungen: Zeichnungen von Bigi Theler – S. 37: Zeichnung: M.L. von Franz in C.G. Jung 1968, 161 – S. 41: Zeichnung: Jacobi, Die Psychologie von C.G. Jung, Olten 1971, 18 – 184: Relief aus der Jakobuskirche in Tübingen, 11. Jh.